General Textual Research
on Dissemination of Editions of
Marxist Classical Works

马克思主义经典文献传播通考

杨金海　李惠斌　艾四林　主编

《英国工人运动》吴文焘译本考

王淑辉　著

辽宁人民出版社

© 王淑辉 2021

图书在版编目（CIP）数据

《英国工人运动》吴文焘译本考 / 王淑辉著. —沈阳：辽宁人民出版社，2021.1
（马克思主义经典文献传播通考 / 杨金海，李惠斌，艾四林主编）
ISBN 978-7-205-10132-9

Ⅰ. ①英… Ⅱ. ①王… Ⅲ. ①恩格斯著作研究 Ⅳ. ①A811

中国版本图书馆CIP数据核字（2021）第026600号

出版发行：辽宁人民出版社
地址：沈阳市和平区十一纬路25号　邮编：110003
电话：024-23284321（邮　购）　024-23284324（发行部）
传真：024-23284191（发行部）　024-23284304（办公室）
http://www.lnpph.com.cn
印　　刷：辽宁新华印务有限公司
幅面尺寸：160mm×230mm
印　　张：12.5
字　　数：150千字
出版时间：2021年1月第1版
印刷时间：2021年1月第1次印刷
责任编辑：阎伟萍
装帧设计：晓笛设计工作室　舒刚卫
责任校对：耿　珺
书　　号：ISBN 978-7-205-10132-9

定　　价：58.00元

马克思主义经典文献传播通考

编辑委员会

顾　问（以姓氏笔画为序）：

邢贲思　朱佳木　李　捷　宋书声　陈先达　赵家祥　柳斌杰
顾海良　顾锦屏

主　编： 杨金海　李惠斌　艾四林

副主编： 王宪明　李成旺　姜海波（常务）

编　委（以姓氏笔画为序）：

于向东　万资姿　丰子义　王　东　王树荫　王宪明　王峰明
王新生　王韶兴　方　红　艾四林　冯　雷　任　平　刘长军
刘同舫　汤志华　安启念　许静波　纪亚光　李　冉　李永杰
李成旺　李惠斌　李楠明　杨金海　肖贵清　吴晓明　佘双好
邹广文　沈红文　张兴茂　张秀琴　张树德　张雷声　张新平
陈金龙　陈学明　林进平　欧阳军喜　罗文东　金民卿
庞立生　房广顺　郝立新　胡大平　姜海波　姜　辉　姚　颖
贺　来　聂锦芳　柴方国　徐俊忠　郭建宁　唐正东　康沛竹
商志晓　梁树发　蒋仁祥　韩立新　韩庆祥　韩喜平　韩　震
靳书君　蔡乐苏　翟民刚　考普夫（德）　黑克尔（德）
宫川彰（日）　平　子（日）　阿利夫·德里克（美）

出版委员会

主　任：张卫峰　杨建军

副主任：张东平　和　龑　杨永富

委　员（以姓氏笔画为序）：

刘建国　许科甲　李红岩　李援朝　杨永富　杨建军　杨贵华
张　洪　张卫峰　张东平　和　龑　武国友　柳建辉　徐　步
聂震宁　黄如军　蔡文祥　魏玉山

本丛书研究得到“教育部哲学社会科学研究‘庆祝中国共产党成立百年’重大专项”资助

总序

呈献给读者的这套“马克思主义经典文献传播通考”，旨在立足于21世纪中国和世界发展的历史高度，对我国1949年以前马克思、恩格斯、列宁等重要著作的中文版本进行收集整理，并作适当的版本、文本考证研究，供广大读者特别是致力于深入研究马克思主义经典作家原著的读者阅读使用。计划出版100种，4年内陆续完成编写和出版工作。

一、“马克思主义经典文献传播通考”概念界定

“马克思主义经典文献传播通考”在我国学术界是一个全新的概念。之所以这样说，是因为过去从未有人用过这一术语，甚至未曾有过这一理念。在我国学术界，对中国传统经典文献的考据乃至通考性的整理研究并不鲜见，包括对儒、释、道等经典的通考性整理研究成果十分丰富，但对近百年来中文版马克思主义经典文献的考据以及整理性研究只是近年来才逐渐为人们所认识，至于在此基础上的通考性整理研究还几乎没有进入人们的视野。所以，首先有必要对这里所说的“马克思主义经典文献传播通考”这一概念

的含义进行说明。

第一，这里所说的“马克思主义经典文献”，主要是指中文版的马克思、恩格斯、列宁的著作，斯大林的重要著作也适当列入。这些经典文献在中国的翻译传播，如果从1899年初马克思、恩格斯的名字和《共产党宣言》的片段文字传入中国算起，迄今已有120年时间，而且经典著作的翻译传播今天仍然在进行中。但为了工作方便，我们这里主要收集整理1949年以前的经典文献。原因是中华人民共和国成立后的经典著作翻译成果比较系统、完整，又使用比较标准的现代汉语，翻译术语也比较一致，在可见的时间内不需要进行深入的考证说明，同时我们人力有限，也无力做如此浩大的经典文献整理研究工作，只好留待后人去做。再则，这里所列入的主要是比较完整的经典著作文本，不包括片段译文文本，因为这些片段译文太过繁多复杂，我们也无力进行全面的整理研究。当然，个别十分重要的片段译文，也会在考据说明中论及，有的还会附上原文或部分原文。但总体说来，片段译文整理研究工作，也只能留待后人去作分门别类的整理研究了。

第二，这里所说的马克思主义经典文献“传播”，主要是指上述经典文本的翻译、出版，有时也会涉及学习、运用这些著作及其社会影响的情况。这些经典文献在我国的片段翻译传播从清末就开始了。其中，中国资产阶级改良派、革命派等都做过一些工作，但那时人们只是把马克思主义作为西方学术思潮之一来介绍，并没有自觉地把它当作指导中国社会发展的思想来研究运用。真正自觉把马克思主义作为指导中国革命的思想是十月革命之后的事。毛泽东曾经说过：“十月革命一声炮响，给我们送来了马克思列宁主义。”[①]正是从这个意义上说的，是完全正确的。也正是在这个意义上说，李大钊是马克思主义中国化的第一人。在李大钊的引领下，五四新文化运动期间，马克思主义经典文献在中国的翻译传播形成了高潮。在这一时代大潮的推动下，1920年8月，陈望道翻译的《共产党宣言》完整中文译本在上海出版，这是我国历史上第一本完整的中文版马克思主义经典著作，从此开始了大量翻译马克思主义经典著作的历程。特别是1921年中国共产党成立后，我们党更加自觉地有组织、有计划地翻译经典著作。在土地革命战争、抗日战争、解放战争期间，在十分困难的条件下，这一工作始终没有停止。特别是在延安时期，于1938年5月5日马克思诞辰纪念日，中共中央成立了“马列学院”，其主要任务之一就是翻译马列经典著作。以此为阵地，我们党所领导建立的马克思主义翻译和理论研究队伍做了大量工作，到1949年中华人民共和国成立前，主要的马克思主义经典著作中文文本基本上都出版了。同时，在国民党统治区和日伪军占领区，很多进步人士和出版机构特别是三联书店，为马克思主义经典著作的翻译出版作出了重要贡献。设在苏联的莫斯科外国文书籍出版局的中文部为翻译出版中文版马克思主义经典著作作出了特殊重要的贡献。我们这套丛书就是要系统地反映经典著作翻译传播的这一历史过程。同时，也适当反映学习、运用马克思主义理论的历史面貌。

第三，这里所说的马克思主义经典文献传播“通考”，主要是指对上述经典文本的考据性整理和研究。文献考据或考证研究是中国学者作

① 毛泽东：《论人民民主专政》，载《毛泽东选集》第四卷，人民出版社1991年版，第1471页。

学问的优秀传统，也是中国学术的一个显著特点。比如古代的经学研究，一定要作相关的文字学、训诂学、版本学、辨伪学、音韵学等的考证研究。没有这些考证工作，得出的结论就靠不住。我们力求继承这个传统，同时，借鉴现代文献学研究方法，来从事马克思主义经典文献传播研究。按照古今文献考据方法，我们将深入考证研究马克思主义经典著作等文献传入中国的各个方面、各个环节，包括文本考据、版本考据、术语考据、语义考据、语用考据、辨伪考据、人物事件考证等。(1) 文本考据是对经典著作文本的翻译以及文本内容进行考证研究。如对《共产党宣言》1949年前多个中文版本的翻译情况进行考证并进行各个文本内容的比较研究，考证前人对有关重要思想理解的变化。(2) 版本考据是对经典著作等文献的出版性质和版次的考证研究。如《共产党宣言》的某个中文译本是否一个独立译本、是第几次印刷等，都要考证清楚。(3) 术语考据主要是对经典著作中的重要概念、术语以及人名、地名的考证研究。如“社会主义”这个概念在历史上曾经有多种译法，这就需要考证清楚。(4) 语义考据是对概念含义变化的考证研究。如对“社会主义”的理解在历史上曾经多种多样，需要考证清楚。(5) 语用考据是对概念的运用和发展的考证研究。(6) 辨伪考据是对有关文献的真假进行考证研究。如有的文章不是马克思写的，而被误认为是马克思写的，后来收入了《马克思恩格斯全集》中文第一版中，这就需要澄清。(7) 人物事件考证是对翻译者、传播者以及相关事件等进行考证，以期弄清经典文献翻译出版的来龙去脉。进一步讲，每一类考据又有很多种具体研究工作。如文本考据，包括中外文的文本载体形式研究、文本内容类别研究、文本收集典藏研究、文本整理利用研究、经典作家手稿研究、翻译手稿比较研究、文本研究的历史发展概况研究等。一句话，要做到“辨章学术，考镜源流”。这样，我们的文献考证工作才能做扎实。

同时，还力求借鉴西方解释学的方法，对有关重要概念作更深入的考证研究。既要对某一概念作小语境的考证，即上下文考证，又要作大语境考证，即对当时人们普遍使用此类术语的情况以及当时的历史文化背景作考证研究。进行这些考据工作很有意义，但绝非易事，这就要求我们掌握马克思主义经典著作的翻译史、传播史以及当时整个社会的语言文字环境，还要掌握外文，能够进行外文和中文的比较研究、各个中文版本的比较研究以及相关版本的比较研究。只有这样，才能准确把握经典作家思想的含义，对有关文本、译者的工作等作出公正合理的评价。

在这里，“通考”工作的两个方面即文献整理与考证研究是不可分割的。一方面要把这些文本整理出来，另一方面要把这些文本以及相关的问题考证研究清楚。文献整理是前提和基础，没有前期的文献收集整理就不可能进行深入研究；但考证研究又能够反过来促进文献整理，帮助我们进一步弄清文献之间的关系以及发现新文献，比较完整地再现经典文献的历史风貌。

第四，“马克思主义经典文献传播通考”是一个跨学科、跨专业、综合性、基础性的概念。总体上说，它是马克思主义学科的范畴，但也是文献学、传播学、翻译学、语言学、历史学、文化学、思想史等学科的概念。所以，要深化考证研究工作，需要各个学科的学者共同努力。我们这里只能为各个学科的研究做一些基础性工作。

还需要说明的是，正如大家所知道的，对任何概念的界定都有其局限性，它只能大致说明事物的本质、内涵，而不可能囊括一切。“马克思主义经典文献传播通考”这个概念也是如此，因为它涉及问题、学科太多，不可能十分精确，故而只能作上述大致说明。对这项工作内涵的理解，大家还可以进一步探讨。我们的想法是，“行胜于言”，无论如何，先把这一工作开展起来，在以后的工作中再逐步完善。

二、马克思主义经典文献传播通考何以必要

开展马克思主义经典文献传播通考这项工作之所以必要，是因为事出有因，且势在必然。总体而言，这是中国改革开放40多年实践发展的必然，也是马克思主义理论界乃至整个社会思想文化界深入研究探讨一系列重大理论问题的逻辑必然。

“问题是时代的呼声。”20世纪80年代和90年代初，伴随着改革开放的推进，人们对以往所理解的马克思主义基本理论、基本观点等提出了不少质疑。特别是在“什么是马克思主义”“什么是社会主义”这些重大问题上，人们普遍感觉到过去没有弄清楚，需要重新加以理解。邓小平曾经说过：“不解放思想不行，甚至于包括什么叫社会主义这个问题也要解放思想。”①他后来又强调说：“什么叫社会主义，什么叫马克思主义？我们过去对这个问题的认识不是完全清醒的。”②于是，如何真正全面而准确地理解马克思主义、社会主义成为改革开放时代的大问题。围绕着这个重大时代课题展开了多方面讨论，形成了很多不同

① 《邓小平文选》第二卷，人民出版社1994年版，第312页。

② 《邓小平文选》第三卷，人民出版社1993年版，第63页。

观点。

为回答时代面临的课题，人们重新回到“经典文本”，力图把握马克思主义、科学社会主义最原初最本真的含义。这种情况反映到理论界，就提出了“回到马克思”的口号。由此很多学者发表了一系列文章、著作，讨论了各种解读马克思主义经典文本的方式，如“以马解马”即用马克思的话解读，“以恩解马”即以恩格斯的话解读，“以苏解马”即以苏联式马克思主义解读，“以中解马”即以中国化马克思主义解读，等等。这些讨论对人们从不同角度深化对马克思主义的认识发挥了积极作用，但是，问题依然没有被很好解决，因为对文本的理解各有不同，争论仍然不可避免。

随着探讨的深入，人们进一步追问起“文本翻译”问题。有人力图回到经典著作的外文文本即欧洲语言文本，认为中文版的“文本翻译”存在问题。例如，有人认为《共产党宣言》中的“消灭私有制”翻译错了，影响了对所有制改造的理解，这是我们在很长时期内追求“一大二公”社会主义所有制的根源所在，应当翻译为“扬弃私有制”，即对私有制既克服又保留。此种理解似乎可以为改革开放政策提供理论支撑，但也有对马克思主义经典著作的实用主义解读嫌疑，由此同样遭到了批评。

随着对经典文本翻译问题探讨的深入，“版本研究”被提上日程。人们发现在不同历史时期，翻译者对经典著作中重要术语的翻译是不同的，这表明中国人对马克思主义重要观点的理解是在不断变化、不断深入的。比如，在中华人民共和国成立之前，《共产党宣言》有6个完整而独立的中文译本，其中对“消灭私有制”的翻译均不完全相同。1920年陈望道译本是："所以共产党的理论，一言以蔽之，就是：废止私有财产。"1930年华岗译本是："所以共产党的理论可以用一句话来综结，就是：废止私有财产。"1938年成仿吾、徐冰译本是："在这个意义上，共产党人可以把自己的理论归纳在这一句话内：废除私有财产。"1943年8月博古译本是："在这个意义上，共产党人可以用一句话表示自己的理论：消灭私有财产。"1943年9月陈瘦石译本是："从这一意义上说，共产党的理论可用一句话概括：废除私产。"1949年莫斯科译本是："从这个意义上说，共产党人可以把自己的理论概括为一句话：消灭私有制。"可见，关于"消灭私有制"这一重要语句的译法有一个越来越准确的过程。原来译为"废止私有财产"等，只看到了这一观点的表象，只有译为"消灭私有制"才能抓住实质，即从经济制度上解决资本主义国家的社会问题。陈瘦石（当时生活在国民党统治下的知识分子）译为"废除私产"，很不准确，甚至有曲解，因为共产党人要废除的是私有财产制度，而不是简单废除包括私人生活资料在内的私产。由于人们在不同时期、不同社会条件下对《共产党宣言》理解不同，这就需要深入研究这部书的各个版本，并在此基础上进行历史性的文本比较研究。

经典著作"版本研究"深化的一个重要标志应当说是对《共产党宣言》版本的全面考证研究。1998年是《共产党宣言》发表150周年。为纪念这部不朽经典，也为更好理解马克思主义的本质要义，中央编译局和中央电视台联合制作了大型电视文献纪录片《共产党宣言》，笔者作为本片的主要撰稿人，和老专家胡永钦研究员一起对《共产党宣言》的中文版本第一次作了比较全面的梳理，发现这部书总共有12个独立而完整的中文译本，中华人民共和国成立前后分别有6个译本。[①]后来中国人民大学的高放教授又作了进一步研究，认为连同中国香港、台湾等地中文译本，《共产党宣言》共有23个中译本。[②]此后，学术界研究《德意志意识形态》《资本论》等经典著作版本的成果也越来越多。通过版本比较研究，人们对经典作家思想的理解越来越深。

对经典文本、翻译、版本研究的深入，又促使马克思主义"传播史"研究兴盛起来。人们发现，只孤立研究某一经典著作的文本、翻译、版本还不够，要深入把握中国人对马克思主义基本观点理解的变化，还需要研究马克思主义在中国传播的完整历史，包括马克思恩格斯列宁名字的翻译、经典著作的片段翻译、经典文本的完整翻译以及出版传播等。比如，关于马克思的名字翻译在历史上就有十几种，包括"马克司""马尔克斯""马陆科斯""马尔格士""麦喀氏""马儿克""马尔克""马克斯"等。通过研究传播史，才能把各个历史阶段的各种经典著作文本的关系弄清楚，通过对其中话语体系主要是概念体系的研究，从整体上弄清中国人100多年来对马克思主义、社会主义的重要概念、主要思想观点的理解。比如"社会主义"一词，在1899年2月发表的《大同学》一文中被译为"安民新学"，这是按照中国传统儒家思想对社会主义的理解；后来借用日文翻译术语，学术界广泛认同并接受了"社会主义"一词的译法，但对它的理解仍然很不相同。比如，孙中山理解

① 杨金海、胡永钦：《〈共产党宣言〉在中国的翻译、出版和传播》，载《科学社会主义》1998年"纪念《共产党宣言》发表一百五十周年"特刊；又见杨金海：《〈共产党宣言〉与中华民族的百年命运》，载《光明日报》2008年7月3日。

② 高放：《〈共产党宣言〉有23种中译本》，载《光明日报》2008年10月16日。

的社会主义和后来共产党人理解的社会主义就很不相同。实际上，直到今天我们学术界乃至整个思想界对社会主义的理解还在深化。传播史研究就是要研究这种变化发展的历史，从中发现规律性的东西，澄清人们在一些重大理论问题上的模糊认识，特别是要避免重复劳动。因为有很多现在争论的问题在历史上曾经出现过，有的早已解决，但由于人们不了解历史，常常旧话重提，造成重复劳动甚至新的思想混乱。传播史研究可以有效弥补这方面的不足。

中央编译局的学者们在马克思主义传播史研究方面做了大量工作。从20世纪50年代开始，由于翻译马克思主义经典著作的需要，编译局前辈学者就在不断研究梳理前人的翻译成果，并开展了马克思主义传播史方面的初步研究和宣传普及工作。1954年，中央编译局举办了“马列主义在中国的传播”展览，之后编辑了《马克思列宁主义著作在中国的传播》一书；1957年，为纪念十月革命胜利40周年，又与北京图书馆（即现在国家图书馆前身）合作主办展览；1963年，中央编译局专家丁守和、殷叙彝出版了《从五四启蒙运动到马克思主义的传播》一书；1983年，为纪念马克思逝世100周年，举办了“马克思恩格斯著作在中国”展览，之后编辑整理并由人民出版社出版了《马克思恩格斯著作在中国的传播》一书；1998年，举办了“《共产党宣言》发表一百五十周年”展览，并与中央电视台合作创作了两集文献纪录片《共产党宣言》，笔者为主笔；2011年，为庆祝中国共产党成立90周年，建立了我国第一个“马克思主义传播史展览馆”，创作了8集文献纪录片《思想的历程》，并由中央编译出版社出版《思想的历程——马克思主义在中国的百年传播》一书，笔者为总撰稿；2018年，为纪念马克思诞辰200周年，在国家博物馆举办“真理的力量——纪念马克思诞辰200周年”主题展览。2018年，根据中央机构改革方案，中共中央编译局与中共中央党史研究室、中共中央文献研究室合并成立了中共中央党史和文献研究院，但中央编译局的牌子仍然保留，以便继续用该名出版马列著作，有关专家学者仍然奋斗在马克思主义传播史研究的前沿阵地。由笔者牵头、一批中青年学者参加承担的国家社科基金重点项目“马克思主义传播史研究”正在进行，其出版成果《马克思主义传播史（中国卷）》两卷本也即将推出。

我国各高校、科研机构以及有关学者在马克思主义传播史研究方面作出了重要贡献。1955年，苏联学者柯托夫的《马克思主义在俄国的传播》一书由于深翻译，在时代出版社出版；次年，苏联学者巴特里凯也夫的《俄国现代无产阶级的出现——马克思主义在俄国的传播》由孟世昌翻译，在上海人民出版社出版。受苏联专家的影响，中国学者也开始研究马克思主义传播问题。比如，北京大学的黄楠森教授等于20世纪50—60年代，就开始研究马克思主义哲学史，其中包括马克思主义传播史内容，70年代初编成油印本。改革开放后，他与施德福、宋一秀教授一起正式出版了三卷本的《马克思主义哲学史》；后来黄楠森又与庄福龄、林利一起主编了八卷本《马克思主义哲学史》，其中第四卷讲马克思主义哲学在俄国的传播与发展，第七卷讲马克思主义哲学在中国的传播和发展。北京大学的林代昭、潘国华于1983年编辑了《马克思主义在中国——从影响传入到传播》，作为“中国近代思想和文化史料集刊”出版。中国人民大学的林茂生于1984年出版了《马克思主义在中国的传播》一书。中国社会科学院近代史研究所的唐宝林于1997年出版了《马克思主义在中国100年》，后来又再版，影响很大。此外，还有其他学者发表了若干关于马克思主义传播史的著作和文章。如姜义华在1983年《近代史研究》第1期发表《马克思主义在中国的初期传播与近代中国的启蒙运动》一文；高军在1986年完成《五四运动前马克思主义在中国的介绍与传播》一书，由湖南人民出版社出版；王炯华于1988年出版《李达与马克思主义哲学在中国》；桂遵义于1992年出版《马克思主义史学在中国》等。

进入21世纪后，我国学者在马克思主义传播史方面的研究成果更多，视野更广阔，特别是深化了分门别类的研究。一是加强早期传播的研究。如王东等于2009年出版《马列著作在中国出版简史》；田子渝等于2012年出版《马克思主义在中国初期传播史（1918—1922）》；方红于2016年出版《马克思主义在中国的早期翻译与传播》等。二是加强分支学科传播史的研究，包括马克思主义哲学、经济学、法学、新闻学、文艺理论、党建理论、宗教理论等传播史研究。如谈敏于2008年出版《回溯历史——马克思主义经济学在中国的传播前史》；庄福龄于2015年出版《中国马克思主义哲学传播史论》；胡为雄于2015年出版《马克思主义哲学在中国传播与发展的百年历史》；文正邦于2014年出版《马克思主义法哲学在中国》；张小军于2016年出版《马克思主义法学理论在中国的传播与发展（1919—1966）》；丁国旗于2017年出版《马克思主义文艺理论在中国》等。三是加强地方传播史研究。如淮北市委党史研究室于2004年出版《中国共产党淮北地方史》第一卷，专门用一节讲述了“马克思主义在淮北的传播”；闫化川于2017年出版《马克思主义是怎样生根中国的——马克思主义在山东早期传播研究》；2017年，黄进华出版《马克思主义在哈尔滨传播的历史经验和现实启示》。四是加强对马克思主义翻译家和理论家的研究。如叶庆科于2006年出版《杨匏安：我国传播马克思主义的先驱》；郭刚于2010年出版《中国早期马克思主义的传播——梁启超与西学东渐》；笔者主编的《姜椿芳文集》《张仲实文集》分别于2011年、2015年问世，其中包括对姜椿芳、张仲实两位马克思主义翻译大家所作贡献的研究介绍；西南财经大学经济学院和马克思主义经济学研究院编《陈豹隐全集》于2013年之后陆续出版；湖南常德市赵必振研究会对我国马克思主义传播的早期学者赵必振的文献进行整理编纂，于2018年出版《赵必振文集》。五是加强对经典文本解读史、概念史的研究。如王刚于2011年出版《马克思主义中国化的起源语境研究——20世纪30年代前马克思主义在中国的传播及中国化》；尹德树于2013年出版《文化视域下马克思主义在中国的早期传播与发展》。近几年来，一些学者还发表了一系列关于马克思主义概念史的文章，深化了传播史研究。

随着马克思主义传播史研究的深化，系统性的马克思主义“文献编纂”乃至“马藏编纂”工作被提上日程。人们越来越发现，要完整把握马克思主义精髓，特别是要完整把握100多年来中国人对马克思主义理解的情况，需要系统整理马克思主义经典文献。在经典文献典藏方面，中央编译局做了较多工作。由于工作需要，这里的专家学者收集整理了国内最丰富、最齐全的马克思主义经典文献，其中包括中华人民共和国成立后所有中文版的马克思主义经典文献，以及各种外文版的马克思主义经典文献，也包括中华人民共和国成立前的不少经典著作文本文献。国家图书馆、上海图书馆等也拥有丰富的马克思主义经典文献典藏。但即使如此，也不能够满足马克思主义经典文本、版本以及传播史研究的需要，因为这些文献典藏总的来说具有零散性，特别是早期文献，分散珍藏在不同图书馆和有关机构的资料室，人们使用起来很不方便。为此，近些年来不少学者把文献考据研究与文献编纂工作紧密结合起来，推出不少成果。如吕延勤主编《马克思主义在中国早期传播史料长编（1917—1927）》（上、中、下卷），2016年由长江出版社出版；田子渝主编《马克思主义在中国早期传播著作选集（1920—1927）》三卷本，于2018年由湖北人民出版社出版。这些经典文献整理出版大大方便了马克思主义传播的考据研究。但目前的文献整理出版工作仍然有局限性，十月革命之前和大革命之后的经典文献整理出版较少。

于是，学者们提出应当编纂“马藏”。大家知道，中国历史上各个主要学派都有自己的典藏体系，儒家有“儒藏”，佛家有“佛藏”，道家有“道藏”。马克思主义作为在近现代中国影响最大的思想体系，也应当而且能够建立自己的典藏体系。顾海良教授是这方面的领军人物，他领导的北京大学《马藏》编纂工程于2015年3月启动，已经取得初步成果，于2017年5月4日发布出版第一批书共5卷，370万字。他认为，《马藏》编纂工作的任务是“把与马克思主义发展有关的文献集大成地编纂荟萃为一体”，这是很正确的。但这项工作太复杂庞大，需要众多学者一起来做才有可能最终完成。

最近几年，笔者根据中央编译局马克思主义文献典藏情况，围绕“马藏”体系建立也提出了一些想法。笔者认为，“马藏”体系应当包括三个层次：一是核心层，即马克思、恩格斯、列宁等经典作家的手稿以及最初发表的文献；二是基本层，即《马克思恩格斯全集》历史考证版即原文版（亦称MEGA版）、《列宁全集》俄文版等经典著作的外文版本，《马克思恩格斯全集》中文第一、二版，《列宁全集》中文第一、二版，中国化马克思主义经典著作；三是外围层，包括经典著作各种版本的选集、文集、专题读本、单行本，以及研究马克思主义经典的代表性著作。这些经典文献有上千卷，可以与中国历史上任何典藏系列（如儒藏、道藏、佛藏）相媲美。[①]顺便说一句，“马藏”体系的建立将意味着中国现代文化典藏基础的确立，它和中国传统文化典藏一起构成中华文化的典藏体系，其意义远远超出了马克思主义经典著作文本和传播史研究本身。根据这个想法，我们不同单位或部门的学者应当根据自己的工作实际开展工作。“马藏”体系的核心层、基本层实际上一直是由中央编译局在做的，也比较完善了。我们今天最需要做的就是“补短板”，即把外围层中的各种零散的历史性的经典文本文献收集整理起来，供大家作历史性研究之用。这些历史性的经典文献也很多，所以应当首先把中华人民共和国成立前比较完整的经典著作文本整理出来，以供马克思主义经典文本、版本、传播史考据等研究之用。

于是，我们的“马克思主义经典文献传播通考”丛书也就应运而生了。可见，开展这项工作，不是我们一时激动的产物，而是我国学术界马克思主义理论研究逐步深化的逻辑必然，做好这项工作也是当务之急。这项工作做好了，不仅有助于马克思主义经典著作翻译和文本、版本、传播史的研究，也能够为建立完整的“马藏”体系提供历史上的各种基础文本，还有助于整个中国现代思想文化的研究和建设。

---

① 杨金海：《马克思主义发展史学科群建设之思——马克思主义传播史研究视角》，载《北京行政学院学报》2018年第1期。

三、马克思主义经典文献传播通考何以可能

今天进行马克思主义经典文献传播通考是否可行？回答是肯定的。如果放在20年前，做这项工作几乎是不可能的。因为那时大家还没有对马克思主义理论进行深入的文本、版本、传播史、概念史、解读史等考据研究的概念，更没有建立“马藏”的想法，所以，也就不可能有此思想动力。这是从主观上讲的。从客观上看也是如此。当时的研究还很不够，也还没有今天这样发达的信息技术，所以要弄清中华人民共和国成立前究竟有多少经典著作文本已经翻译出来、藏在何处，是很困难的，就更不用说把各种经典著作的不同文本收集起来并整理出版了。

经过长期的积累，特别是近几十年的经典著作研究，今天我们已经具备了进行马克思主义经典文献传播通考的基本条件。

一是越来越多的人意识到经典文献考据研究的重要性，不仅把马克思主义作为意识形态来研究，而且进一步把马克思主义作为科学的学术体系乃至“新国学”之重要内容来研究。长期以来，在我国有一种不正确的认识，就是认为马克思主义是一种意识形态，没有学术性，甚至不是学问。实际上，意识形态也有科学与非科学之分。马克思主义是一种科学的意识形态，由此决定了它具有科学性，完全可以作为学术来研究。之所以有人认为它不具有学术性，一方面，是因为这些人不懂马克思主义；另一方面，是因为我们马克思主义学界在学术、文化层面研究马克思主义不够，有分量的学术成果不多。要克服这一缺陷，就要努力借鉴其他学科的研究方法，包括借鉴我国传统的学术文化研究方法，拿

出可以与其他学科相媲美的学术成果来。例如建立“马藏”体系就是很好的学术性工作。2014年在成中英先生八十大寿庆祝会上，笔者尝试性地提出“新国学”概念。所谓“新国学”，就是包括马克思主义学说在内的中华学术体系，是当代整个中华文化的基础。我们以往所说的“国学”实际上是“老国学”，即以儒、释、道为主的中国传统学术体系，今天这样讲还说得过去，但实际上已经不准确了，再过若干年就更不科学了，因为我们今天还有马克思主义学说。毫无疑问，自五四新文化运动以来，马克思主义在我国已经逐步成为中华学术体系的重要组成部分，可以与传统的儒、释、道等相媲美，因此不能把它排斥在国学之外。类似情况，在历史上是有过先例的。大家知道，佛学是西汉时传入中国的，是外来文化，但2000年后的今天，谁还能说它不是中国文化之一部分呢？马克思主义也是这样，况且它比佛学的作用要大得多，它传入中国才100多年，就深刻改变了中华民族的命运，也深刻改变了中国传统文化，已经成为当今中华文化的重要组成部分乃至核心部分。随着时间的推移，将来我们的国学体系一定会把“马学”加进来，形成“儒、释、道、马”并驾齐驱、以“马”为魂的繁荣发展局面。当然，“马学”作为“新国学”的重要组成部分并为人们所接受，还需要努力构建自己的学术体系。比如要借鉴中国传统学术文化研究的方法，像整理编纂《四库全书》那样，把马克思主义“经”“史”“子”“集”等都整理出来，形成蔚为壮观的经典体系、学术体系，供后人研究之用。此外，我们对马克思主义的各种研究也要具有深厚的学理性。这样，“马学”作为科学的学术体系才能够完善起来。“知难行易”，应当说经过这些年学界同仁的共同努力，已经有越来越多的人意识到马克思主义经典文本整理和考据工作的重要性。这就为顺利推进这项工作奠定了思想基础。

二是这些年有关马克思主义经典文本整理研究的成果越来越多，使得我们基本知道了有哪些经典文本、版本及其传播、珍藏等情况。特别是近几年来，这些研究成果每年都在成倍地增长。很多深藏密室的历史文献被挖掘出来，包括一些经典文本、马克思主义经典著作翻译家、出版家、教育家以及取经潮、取经路线、传播方式等，成为学界研究的热点。与之相伴随，马克思主义经典著作原文版、手稿的收集整理和深度研究成果也越来越多。中央编译局的学者在这方面的成果较多。笔者在经典文献研究方面也做了一些工作，如与冯雷共同主编了37卷“马克思主义研究资料”丛书；与李惠斌主编了40卷“马克思主义经典著作研究读本”丛书。王学东主编了64卷“国际共产主义运动历史文献”丛书。这三套丛书均由中央编译出版社出版。清华大学艾四林主编了20卷“马克思主义经典著作导读”丛书。北京大学聂锦芳主编了12卷“重读马克思——文本及其思想”丛书。其他单位学者在这方面的成果也越来越多。这些经典文献的收集整理和相关大型丛书的编辑出版，以及学术界同仁的大量相关研究成果的发表，为我们推进马克思主义经典文献考据工作提供了丰富资料。

三是马克思主义经典文本考据研究队伍日益壮大，经验日益丰富，方法不断更新。不仅马克思主义理论界很多学者在从事这方面工作，而且其他各界学者也参与进来，包括翻译界、历史学界、民族学界、宗教学界、文学艺术界等方面的学者近些年来都在积极挖掘整理、考据马克思主义的有关历史文献，使得马克思主义经典文本考据研究逐渐成为

“显学”。自2004年中央马克思主义理论研究和建设工程实施以来，培养了一支老、中、青结合的马克思主义学术队伍。各个大学马克思主义学院相继建立，各级社会科学院的马克思主义研究机构日益建立和完善，党和政府、军队研究机构里马克思主义理论研究队伍不断扩大，社会思想文化界对马克思主义理论的研究、宣传和普及工作在加强，这些都大大加速了马克思主义学术队伍培养和学科建设的步伐。特别是近年来，一批优秀的中青年马克思主义学者茁壮成长。他们思维敏捷，年富力强，外语水平很高，知识结构新颖，研究方法现代，不仅能够借鉴中国传统的考据方法，也能够借鉴西方解释学方法等进行研究，越来越具备了中外比较研究、历史比较研究的能力，由此，成为经典文本考据研究的中坚力量。

四是当今发达的信息技术为我们查找、收集、研究经典文本文献提供了快捷便利的条件。进行深入的经典文献考证，需要掌握大量国内外文献资料。比如要用到马克思手稿，而原始手稿的大约三分之二珍藏在荷兰皇家科学院国际社会历史研究所档案馆，三分之一珍藏在俄罗斯国家社会政治史档案馆；要考证经典文本的翻译，还会用到日文版经典著作文本，而这些大多珍藏在日本，个别文本分散珍藏在我国各地的图书馆。要大量使用这些资料在过去几乎是不可能的，但是在今天，通过网络信息技术，就可以比较好地解决这些问题。再者，随着我国现代化事业的推进，我们的经济实力越来越强，在马克思主义经典文本研究方面的投入越来越多。这些物质力量的增强为我们开展这样大规模的整理编纂工作提供了保障。

总体而言，经过马克思主义学界同仁的长期努力，中国已经成为当今世界最大的马克思主义经典著作翻译和研究国家。特别是近些年来，我国学者关于经典文本考据研究的理念越来越新、成果越来越多、队伍越来越强、保障条件越来越好。随着马克思主义学院的建立，马克思主义理论教学和科研工作越来越受到重视，学科体系建设越来越完善，我们的研究成果也越来越有用武之地。这些都为我们深入开展大规模的经典文献整理和研究提供了现实可能性。

四、“马克思主义经典文献传播通考”丛书编写的思路和原则

马克思主义经典著作是学习和研究马克思主义理论的基础文本，历来为人们所重视。在我国马克思主义传播史上，曾经翻译出版过很多种经典著作的中文本。比如，《共产党宣言》总共有至少12个完整的中文译本；《资本论》在1949年以前也有好几个中文译本。这样说来，光是1949年以前翻译出版的经典著作文本或专题文献文本就有上百种。这些不同的中文译本反映了中国人在不同历史时期对马克思主义经典著作理解的不同水平。

编辑这套丛书的直接目的，是要把1949年以前的主要经典著作文本原汁原味地编辑整理出来，并作适当的考证说明，供大家作深入的历史比较研究、国际比较研究之用；从更长远的目的看，是要为建构完整的中国马克思主义典藏体系、学术体系、话语体系乃至为建构现代中华文化体系做一些基础性工作；最终目的，则是要通过历史比较，总结经验，澄清是非，廓清思想，统一认识，破除对马克思主义错误的或教条

式的理解，全面而准确地把握马克思主义理论精髓，弘扬马克思主义精神，继承马克思主义理论，在此基础上深化对中国化马克思主义的理解和研究，为推进当代中国马克思主义、21世纪马克思主义，确保科学社会主义伟大事业长久发展提供科学的理论支撑。

本丛书体现如下特点，这也是丛书编写工作所力求遵循的原则：第一，体现历史性和系统性。本丛书主要收集1949年以前的经典著作中文译本，对1949年以后个别学者的译本也适当收入。中华人民共和国成立后由中央编译局翻译出版的经典著作，由于各大图书馆都可以查到，且各种译本变化不大，故不在收录范围。对所收集的历史文献力求系统、完整，尽可能收集齐全1949年以前经典著作的各种译本，按照历史顺序进行编排。对同一译本的不同版本，尽可能收集比较早且完整的版本。对特别重要的片段译文作为附录收入。第二，突出文献性和考证性。力求原汁原味地反映各种经典著作的历史风貌。为此，采取影印形式，将经典著作的文本完整地呈现给读者。同时，要对文本的情况进行适当的考证研究，包括对原著者、译者、该译本依据的原文本、译本翻译出版和传播的情况及其影响等作出科学说明。这些考证研究要有充分的史料根据，经得起历史检验。要力求充分反映国内外有关研究成果，特别是要充分反映我国改革开放以来在经典著作文本、版本研究方面所发现的新文献、取得的新成果。第三，力求权威性和准确性。一方面，所收集的经典著作文本力求具有权威性和准确性。力求收集在当时具有权威性的机构出版的、质量最高的经典译本，避免采用后人翻印的、文字错误较多的文本。另一方面，考证分析所依据的其他文献资料，也力求具有权威性和准确性。要选择国内外在该研究领域最具权威性的专家学者的最具代表性的观点和最有影响力的文章。再者，对文本有关问题的阐述，比如，对人名、地名、术语变化的说明，或对错字、漏字等印刷错误的说明等，要具有权威性和准确性。第四，力求做到史论结合、论从史出。本丛书的主要任务是对经典文本以及相关问题进行历史性的考证梳理，但考证不是目的，而是手段，根本目的还是要深化对马克思主义基本理论和基本观点的全面的、准确的理解，并最终用以指导实践。所以，在考证研究的同时，要始终牢记最终目标，以便从历史文献的分析研究中得出令人信服的科学结论。所以，在每一经典文本的考证说明中，都既要说明经典文本文献的来龙去脉以及考证梳理的情况，又要从中得出若干具有启发性的结论，以帮助读者正确认识经典著作中的有关重要思想，特别是要在统一认识、消除无谓争论上下功夫。这样，该丛书就不仅能够为读者提供原始的经典著作文本文献，还能够为读者进一步研究这些文本提供尽可能丰富的、具有权威性和准确性的相关文献资料，并提供尽可能中肯的观点和方法，从而能够使丛书成为马克思主义典藏的重要组成部分而流芳后世。

基于上述考虑，本丛书采取大致统一的编写框架。除导言外，各个读本均由四个部分组成。一是原著考证部分，其中包括对原著的作者、写作、文本主要内容、文本的出版与传播情况的考证性介绍；二是译本考证部分，包括对译本的译者、翻译过程、译本主要特点、译本的出版和传播情况的考证梳理；三是译文考订部分，包括对译文的质量进行总体评价，对有关重要术语进行比较说明，对错误译文、错误术语或错误印刷进行查考、辨析和校正性说明；四是原译文影印部分，主要收入完整的原著译本，同时作为附录适当收入前人关于该书的片段译文。

通过这样的考证研究，力求凸显这套丛书的编辑思路，即对经典著作的文本、版本有一个建立在考据研究基础上的总体性认识。每一本书都要能够回答这样一些问题：如这本书是什么，它在马克思主义发展史上的地位如何，它在世界上的传播情况怎样，它是什么时候传播到中国的；该中文本的译者是谁，译本的版本、传播、影响、收藏情况怎样；该译本中的重要概念是如何演化的，中国人对这些概念的理解过程怎样，对我们今天的理论研究和实践探索特别是对解决今天有关重大理论问题的争论有何启示，等等。这些问题回答好了，就能够帮助读者更深入地理解经典著作中的思想观点，并能够从文本的历史比较、国际比较中把握中国化马克思主义发展的思想历程，从而为进一步深化马克思主义理论研究提供深厚的思想资源和学理支撑。

“日月光华，旦复旦兮。”我们是怀着一种迎接中华民族伟大复兴的历史使命感、对马克思主义学术文化的深深敬畏之情来做这项工作的。一是敬畏经典。近百年来，为振兴中华民族，为推进中国思想文化的现代化，无数志士仁人历经千辛万苦把马克思主义真经取回来，并通过翻译研究形成了汗牛充栋的马克思主义经典文献，由此奠定了中国现代文化的典藏基础，为实现中华文化从传统形态向现代形态转化作出了巨大贡献。我们面前的这些文献，正是在马克思主义传播过程中形成的“马藏”中的重要经典文本。拂去历史尘埃，整理、考证和再现这些经典文献的历史原貌，发掘其中的深厚文化意蕴，敬畏之心油然而生。能够通过我们的工作使这些闪耀着历史光芒的典籍和伟大思想更好地传承下去，为中国现代文化体系的建设打下坚实的典藏基础，正是本丛书作者和编者的共同期愿所在。二是敬畏先驱。近百年来，一代又一代翻译家和理论家薪火相传，把马克思主义经典引进中国，特别是在民主革命时期，很多翻译工作是在十分困难和危险的条件下进行的，有不少先辈为此贡献了一生乃至宝贵生命。他们的事迹可歌可泣，他们的艰辛堪比大唐圣僧玄奘西天取经，他们的历史功绩和伟大精神将在历史的天空熠熠生辉！能够通过我们的这项工作，让一代代后人记住这些历史人物和历史故事并将先辈们的宝贵精神传承下去，我们将备感荣幸。三是敬畏责任。面对百年来形成的浩如烟海的马克思主义经典文献需要研究整理，面对百年来一批批可敬可爱的译介者需要研究介绍，面对百年来马克思主义中国化的伟大历程需要梳理继承，我们需要做的工作太多太多。由此，不论是作者还是编者，都不能不对自己所从事的这项工作产生出由衷的敬畏之情。唯有通过努力，精心整理好这些文献，为最终形成完整的中国特色马克思主义典藏体系作一点贡献，为马克思主义学说在中国乃至世界千秋万代薪火相传做一点铺路工作，才能告慰马克思主义经典作家，告慰这些理论先驱和翻译巨匠们！

2018年是马克思诞辰200周年，《共产党宣言》发表170周年；2019年是中国先进分子自觉选择马克思主义作为观察中国和世界命运之思想武器100周年；2020年是《共产党宣言》第一个完整的中文译本问世100周年；2021年是中国共产党成立100周年，这一个个光辉的历史节点展现出马克思主义在中国发展的强大生命力。在这个新时代的新时期，陆续出版大型丛书“马克思主义经典文献传播通考”，对推进马克思主义理论研究和建设工作，有着特殊重要的意义。

需要说明的是，对于经典文本的研究，往往会有仁者见仁、智者见智的情况。所以，尽管我们在组织编写工作中努力体现上述编写思路、原则和精神，书中的观点也不一定都很成熟，不可能与每一位读者的观点完全一致。加之每位作者研究角度不同，水平各异，每一本书的结构、篇章、内容、观点都不尽相同，其权威性也不尽一致，其中很可能有疏漏和错误之处，谨请读者批评指正。

该丛书在设计、编写和出版过程中，得到了各方面的大力支持。清华大学马克思主义学院将这项工作列入重要议事日程，作为该院马克思主义传播史研究中心重大项目，艾四林院长以及各位同事对此项工作给予大力支持。中共中央党史和文献研究院（中央编译局）十分重视对马克思主义传播史的研究，对此项研究给予各个方面的支持。国家出版基金将该丛书列入资助项目，辽宁省委宣传部将此项目列入文化精品扶持项目。辽宁出版集团和辽宁人民出版社在丛书的选题策划和编辑出版中做了大量工作。在编写过程中，中共中央党史和文献研究院（中央编译局）信息资料馆、国家图书馆、上海图书馆、清华大学图书馆、北京大学图书馆、国家博物馆等单位给予鼎力支持。本丛书中汲取了我国学者大量的研究成果。该项目顾问、我国马克思主义理论界德高望重的陈先达教授、赵家祥教授等专家对丛书的编写工作给予热情指导，编委会成员和各位作者为丛书的编写付出了辛勤劳动。

谨在此一并致以衷心的谢意！

杨金海

2019年5月5日于清华大学善斋

目录

CONTENTS

导言

《英国工人运动》收录了恩格斯在1881年为英国工联机关报《劳动旗帜报》撰写的11篇社论。恩格斯发表在《劳动旗帜报》上的这些社论所涉及的内容十分丰富，都是当时英国工人阶级极为关注的社会现实问题。他从一个在英国工人运动中十分流行的口号——“做一天公平的工作，得一天公平的工资”[①]入手，通过分析欧洲各国的工人运动和英国宪章运动的经验，指出英国工人开展政治斗争，夺取政权的必要性，强调了英国工人阶级与其他国家工人阶级联合起来进行同盟的重要性，并且积极宣传社会主义思想。面对资本主义社会出现的新情况和新特点，恩格斯认识到马克思主义理论与工人运动相结合的重要性，想方设法地向读者们介绍工人阶级政治经济学和关于无产阶级斗争的战略策略的基本知识，特别强调了工人阶级建立一个政治上独立的无产阶级政党的必要性。“贯串着这些文章的思想是——在英国需要一个作政治运动的工人党，这个党要为无产阶级专政而斗争。”[②]为了使工人群众便于接受，恩格斯十分注意理论宣传的灵活性，在这些文章中他把深刻的理论内容写得深入浅出、通俗易懂，且篇幅短小，非常适合工人阶级阅读，深受工人阶级的欢迎和喜爱。

---

①《马克思恩格斯全集》第二十五卷，人民出版社2001年版，第488页。

②［德］恩格斯：《英国工人运动》，吴文焘译，中国工人社1940年版，第4页。以下凡引此书，仅在文中标注页码。

列·阿·列文在《马克思恩格斯著作的发表和出版》一书中对恩格斯发表在《劳动旗帜报》上的这些文章给予了高度评价："在这些文章中恩格斯指出，工人阶级仅仅限于经济斗争是不够的，并且强调指出，必需在英国建立独立的工人政党，这个党的目标应当是消灭资本主义的奴隶制，而代之以没有阶级的社会主义的社会。可是恩格斯文章中的果敢的革命的声调吓坏了具有机会主义思想情绪的该报的编者。由于该报总的倾向是机会主义的，而且无法改变它，所以恩格斯决定停止为它撰稿。"①

恩格斯当年发表在《劳动旗帜报》上的11篇社论文章对于了解英国工人运动的情况，具有一定的帮助作用。正如恩格斯在1881年7月22日写给诺里斯·阿·克洛斯的信中所言："如果您本人愿意了解大不列颠工人运动的当前情况，您可以在周报《劳动旗帜报》上找到一切必要的材料……到目前为止该报共出了十二期。大部分没有署名的社论是我写的。"②

吴文焘翻译的《英国工人运动》一书是较早在中国专门介绍英国工人运动状况的书籍，相比较于恩格斯在1844—1845年间撰写的关于英国工人运动的名著——《英国工人阶级状况》一书（该书于1954年由中央编译局开始翻译，收录在人民出版社1957年出版的《马克思恩格斯全集》第二卷中），吴文焘翻译的《英国工人运动》第一个版本（1940年）

① [苏联]列·阿·列文：《马克思恩格斯著作的发表和出版》，周维译，生活·读书·新知三联书店1976年版，第82页。

②《马克思恩格斯全集》第三十五卷，人民出版社1971年版，第196页。

则比其早出版了十几年。在中华人民共和国成立后，工人出版社（北京）于1950年4月、1951年3月又再次出版了吴文焘翻译的《英国工人运动》。对《英国工人运动》吴文焘译本进行文本考证和点校，对于深入研究和了解英国工人运动状况，深入研究和正确认识科学社会主义理论对工人运动的指导作用，具有重要的价值和意义。

《英国工人运动》原版考释

《英国工人运动》是由恩格斯在1881年5月至8月间为英国工联的机关报《劳动旗帜报》撰写的11篇社论集结而成。在这些社论中，恩格斯有针对性地、比较系统地论述了当时英国工人运动中的一系列重要理论和实践问题。

一、写作及出版背景

1881年5月，英国工联的机关报《劳动旗帜报》在伦敦创刊，该报创办人兼编辑乔·希普顿是英国工联主义运动活动家、改良主义者、彩画匠工联书记。《劳动旗帜报》作为周报，每周一期。该报于1885年停刊。恩格斯自该报创刊号起，应乔·希普顿的请求，在5月至8月间一直为该报撰稿。文章原文是英文，发表时不署作者姓名，几乎定期每星期一篇，作为社论发表。恩格斯一共写了11篇社论（见下表）[①]。

序号	篇名	写作时间	发表时间	发表期号
1	《做一天公平的工作，得一天公平的工资》	1881年5月1—2日	1881年5月7日	《劳动旗帜报》第1号

① 根据《马克思恩格斯全集》中文第一版第十九卷和中文第二版第二十五卷整理。恩格斯先后为《劳动旗帜报》撰写了11篇文章，其中《工联》分成（一）（二）两部分分别发表。

续表

序号	篇名	写作时间	发表时间	发表期号
2	《雇佣劳动制度》	1881 年 5 月 15—16 日	1881 年 5 月 21 日	《劳动旗帜报》 第 3 号
3	《工联》（一）	1881 年 5 月 20 日前后	1881 年 5 月 28 日	《劳动旗帜报》 第 4 号
4	《工联》（二）	1881 年 5 月 20 日前后	1881 年 6 月 4 日	《劳动旗帜报》 第 5 号
5	《对法国的通商条约》	1881 年 6 月中	1881 年 6 月 18 日	《劳动旗帜报》 第 7 号
6	《两个模范市议会》（《两个模范地方议会》中文第一版）	1881 年 6 月下半月	1881 年 6 月 25 日	《劳动旗帜报》 第 8 号
7	《美国的食品和土地问题》	1881 年 6 月底	1881 年 7 月 2 日	《劳动旗帜报》 第 9 号
8	《反谷物法同盟的工资理论》	1881 年 7 月初	1881 年 7 月 9 日	《劳动旗帜报》 第 10 号
9	《工人政党》（《工人党》中文第一版）	1881 年 7 月中	1881 年 7 月 23 日	《劳动旗帜报》 第 12 号
10	《俾斯麦和德国工人党》	1881 年 7 月中	1881 年 7 月 23 日	《劳动旗帜报》 第 12 号
11	《棉花和铁》	1881 年 7 月底	1881 年 7 月 30 日	《劳动旗帜报》 第 13 号
12	《必要的和多余的社会阶级》	1881 年 8 月初	1881 年 8 月 6 日	《劳动旗帜报》 第 14 号

19 世纪 70 年代以后，受巴黎公社革命运动的影响，又经历了 1873 年和 1878 年至 1879 年爆发的经济危机，英国工人运动迅速高涨起来，带有了一定程度的政治性斗争倾向。但是由于受到工联主义的影响，加之资产阶级联合起来镇压工人运动，到 19 世纪 70 年代末，大多数工人

罢工斗争均以失败告终，英国工人运动也随之走入了低谷。

1881 年 5 月至 8 月间，恩格斯应邀为英国工联机关报《劳动旗帜报》撰写文章。恩格斯之所以为该报撰写社论，一方面是为了引导英国工人运动走出单纯为提高工资和缩短工时进行狭隘经济斗争的小圈子，能够开展独立的政治斗争并建立工人阶级自己的政党；另一方面，是针对“英国工人运动虽然单个行业有很好的组织，但是前进得非常缓慢”[①]这一现实，他指出造成这种状况的主要原因之一就是对于一切理论的漠视，“如果工人没有理论感，那末这个科学社会主义就决不可能像现在这样深入他们的血肉”[②]。基于此，他希望通过《劳动旗帜报》向英国工人阶级宣传科学社会主义的思想，帮助其摆脱机会主义影响，掌握马克思主义的理论，以此来指导英国工人运动。

英国是最早进入工业时代的国家，既是产业革命的发源地，也是资本主义大工业的摇篮。在英国最早形成了两大对立阶级——资产阶级和无产阶级，因此英国的无产阶级人数众多，力量强大。在英国，无产阶级最早开始进行反抗资产阶级的斗争。“英国工人运动正式开始于十八世纪后半叶。”[③]在 19 世纪三四十年代的英国宪章运动中，在英国工人阶级身上非常清楚地显示出无产阶级作为资本主义掘墓人的伟大历史作用。因此，英国宪章运动被视为“世界上第一次广泛的、真正群众性的、

①《马克思恩格斯全集》第十八卷，人民出版社 1964 年版，第 566 页。

②《马克思恩格斯全集》第十八卷，人民出版社 1964 年版，第 565—566 页。

③［英］莫尔顿、台德：《英国工人运动史（1770—1920）》，叶周、何新等译，生活·读书·新知三联书店 1962 年版，第 1 页。

政治上已经成型的无产阶级革命运动”①。

本来，马克思、恩格斯对英国工人寄予厚望，认为英国的无产阶级应当成为世界无产阶级革命的典范，为其他国家的无产阶级革命斗争做出表率。1854 年 3 月，马克思在写给工人议会的信中明确指出：“大不列颠的工人阶级最先准备好并且最先负有使命来领导最终必然使劳动得到彻底解放的伟大运动。它所以如此，是因为它清楚地认识到自己的地位，数量上的极大优势，过去的艰苦斗争的经验和现在的精神力量。”②他同时还强调要在全国范围内把工人阶级组织起来去完成自己的历史任务。马克思在 1856 年 4 月《人民报》创刊纪念会上发表演说时再次强调：“英国工人是现代工业的头一个产儿。当然，他们在支援这种工业所引起的社会革命方面是不会落在最后的，这种革命意味着他们的本阶级在全世界的解放，这种革命同资本的统治和雇佣奴役制具有同样的普遍性质。”③

但让马克思、恩格斯失望的是，随着宪章运动的失败，从 19 世纪 50 年代开始，政治性的工人运动便开始迅速衰落，英国工人运动愈来愈趋向于改良主义。同时，随着工联主义的不断发展，工联主义逐渐在英国工人运动中占据主导地位。英国工联强调仅在经济领域内开展工人运动，主张同资产阶级进行合作，企图利用合法的和平谈判，让英国工人阶级的处境得到改善，也就是说，英国工联把改善英国工人

① 《列宁选集》第三卷，人民出版社 2012 年版，第 792 页。

② 《马克思恩格斯全集》第十卷，人民出版社 1962 年版，第 133—134 页。

③ 《马克思恩格斯全集》第十二卷，人民出版社 1962 年版，第 4 页。

阶级的处境作为自己的唯一目标，把“做一天公平的工作，得一天公平的工资”当作工人运动的主要口号，反对进行推翻资本主义制度的斗争。

19世纪70年代以后，英国工人运动得到进一步发展。英国工人由于在经济上受资本家的剥削、政治上受资本家的压迫，为了改善自身面临的这种状况，提高自身的政治地位，参与了各种社会斗争，在斗争过程中他们不断地受到教育，逐渐成长起来。但这一时期的工人运动仍然在很大程度上受到工联主义的影响，始终在工联主义的狭隘圈子里面打转，主要开展经济领域的罢工斗争，并将其作为最终目标。1879年6月17日，恩格斯在写给爱德华·伯恩施坦的信中明确指出:“英国的工人运动多年来一直在为增加工资和缩短工作时间而罢工的狭小圈子里毫无出路地打转转，而且这些罢工不是被当做权宜之计和宣传、组织的手段，而是被当做最终的目的。工联甚至在原则上根据其章程排斥任何政治行动，因此也拒绝参加工人阶级作为阶级而举行的任何一般性活动。工人在政治上分为保守派和自由主义激进派，即迪斯累里（比肯斯菲尔德）内阁的拥护者和格莱斯顿内阁的拥护者。所以，关于这里的工人运动，只能说这里有一些罢工，这些罢工无论是成功还是失败，都不能把运动推进一步。”[①]在恩格斯看来，当时的英国并没有出现“具有世界历史意义的斗争……还没有出现大陆上那样的真正的工人运动”[②]。

① 《马克思恩格斯文集》第十卷，人民出版社2009年版，第437页。

② 《马克思恩格斯文集》第十卷，人民出版社2009年版，第437页。

马克思与恩格斯自1849年到达英国后，直到去世一直在英国生活，他们十分关注英国工人运动的发展。但在19世纪七八十年代，随着国际工人协会的总委员会从伦敦迁到纽约和1874年国际的不列颠联合会委员会的解散，英国工人运动由于受工人贵族的出现和工联主义的消极影响，逐渐走入低谷。这一时期，英国工人运动的领导者们几乎全部向资产阶级投降，有的公开和资产阶级自由派签订协议，有的甚至和他们勾结在一起，这使得英国工人运动的领导者们转变为工人贵族。马克思、恩格斯为了帮助英国工人运动摆脱这种衰落的状况，引导英国工人运动走上革命道路，深入思考并探讨英国工人运动中出现的一系列问题。恩格斯始终与英国工人运动保持密切的联系，十分重视英国下层工人的活动，并大力支持英国一些工人运动活动家们开展的工人运动，其中包括支持和帮助他们在英国建立具有独立阶级纲领的工人阶级政党。

马克思和恩格斯在从事革命斗争和理论研究的过程中，为了让广大人民群众了解和掌握革命理论和科学社会主义思想，采取多种方式，诸如撰写文章、创办报刊、出版书籍等，想方设法使其思想和理论在人民群众中得以广泛传播。特别是恩格斯在其晚年指导各国工人政党的报刊工作中投入了大量的精力，并且积极为这些报刊撰写文章，这其中包括《劳动旗帜报》。

当恩格斯看到了在1878年至1879年的经济危机中英国工人阶级中一部分人表现出政治积极性时，他力图通过《劳动旗帜报》从论述轰轰烈烈的宪章运动开始来宣传科学社会主义，使之能够有助于引导英国工人运动突破过去那种仅仅是为了提高工资和缩短工作时间的狭隘经济斗争的范围，而进行独立的政治斗争并建立工人阶级自己的政党。恩格斯在1881年8月初为《劳动旗帜报》写的最后一篇文章《必要的和多余的社会阶级》发表在1881年8月6日《劳动旗帜报》第14号上，在此之后，恩格斯不再为该报撰稿。

关于不再为《劳动旗帜报》撰稿的原因，恩格斯在1881年8月10日和8月15日写给该报编辑乔·希普顿的两封信中作出了明确的说明。在1881年8月初，卡·考茨基写了一篇关于国际工厂立法的文章（即后来发表在1881年8月13日《劳动旗帜报》第15号上的《国家劳工法》），乔·希普顿认为该文章的语言太激烈了，因此对该文做了两处修改。而恩格斯认为考茨基的文章本身不但不激烈，而且软弱无力，既然这样的文章乔·希普顿都难以接受，那么对于自己所写的激烈得多的文章更加会让乔·希普顿有同样的感觉。因此，恩格斯认为既然如此，为了避免双方未来发生公开决裂，为了对双方都好，他决定停止继续为该报撰稿。

除了上述所说的原因之外，还因为该报在1881年8月6日第14号上发表了约·埃卡留斯的文章——《一个德国人对英国工联主义的看法》。埃卡留斯在文章中赞扬了由麦·希尔施和弗·敦克尔于1868年创建的改良主义的德国工会（所谓的希尔施-敦克尔工会）。恩格斯认为，《劳动旗帜报》在发表关于德国的麦克斯·希尔施工会的文章之前，乔·希普顿应当把文章的清样或校样寄给自己，毕竟在《劳动旗帜报》的撰稿人中，只有自己对这个问题有所了解并且可以提出必要的意见。在他看来，这些工会与被中产阶级收买了的，或至少是领取中产阶级报酬的人所领导的最坏的英国工联没有什么区别。因此，对于《劳动旗帜报》不同自己商量，就发表论述希尔施的文章，颂扬这些工会的行为，恩格斯表示不能接受，在他看来，“埃卡留斯先生是我们事业的叛徒”[①]，所以，他强调指出，“决不可能给为他提供版面的报纸写文章”[②]，“无论如何，我不能继续担任报纸的撰稿人了”[③]。

恩格斯在后一封信中还一针见血地指出：《劳动旗帜报》没有任何一点进步，它还和过去一样，仍然是传播关于一切政治和社会问题的形形色色的和互相矛盾的观点的工具。在恩格斯看来，如果该报在刚刚创刊时存在这种情况，也许是不可避免的；但是，过了这么久，该报仍然没有对工人阶级产生影响，让工人阶级中出现一股摆脱自由派资本家影响的新潮流。恩格斯本来打算如果有确凿迹象表明工人阶级中出现了这样的新潮流，那么自己一定会竭尽全力地帮助它，但很遗憾，所有这些努力都没有引起任何值得一提的反响，在恩格斯看来当时并没有出现这样一股潮流。所以，恩格斯认为自己每星期发表在《劳动旗帜报》上的一篇文章，完全被淹没在《劳动旗帜报》上提出的其他各种形形色色的观点之中，这对于《劳动旗帜报》没有多少帮助。加之由于时间关系，恩格斯已决定在工联代表大会之后停止为《劳动旗帜报》写稿；所以在这以前他是否还写几篇文章，没有任何意义。虽然希普顿回信作了解释和说明，希望恩格斯继续为该报撰稿，但还是被恩格斯回绝了。对于这件事，恩格斯在 1881 年 8 月 11 日写给马

---

①《马克思恩格斯全集》第三十五卷，人民出版社 1971 年版，第 203 页。

②《马克思恩格斯全集》第三十五卷，人民出版社 1971 年版，第 203 页。

③《马克思恩格斯全集》第三十五卷，人民出版社 1971 年版，第 201 页。

克思的信中也作了说明。一方面，他介绍了自己写给乔·希普顿的信的主要内容，另一方面，他强调自己并没有把不再继续为该报撰稿的最主要原因告诉那位编辑，在恩格斯看来，“我的那些文章对该报的其他东西和对读者不起任何影响。如果多少有点影响的话，那就是来自自由贸易的秘密信徒方面的不显露的反应。报纸依然是各种可能的和不可能的幻想的混合物，而在具体政治问题上或多或少地——毋宁说是更多地——倾向于格莱斯顿。在一期或两期报上似乎出现过的反应又不见了。不列颠工人完全不想再继续前进，他们只有通过事变，通过工业垄断权的丧失，才能振作起来”[①]。恩格斯在当时就确信，只有到了英国的工业垄断全面崩溃之时，英国无产阶级的政治态度才会有决定性的转变。

恩格斯在1881年8月27日写给卡·考茨基的信中也说明了自己不再为《劳动旗帜报》撰写稿件的原因：

> 我把蹩脚的译文稍加修改之后，便寄给希普顿作社论用。但是好样的希普顿看不懂那篇文章，要求我修改，不过象往常一样已经太晚了。对于对工人有利的“国家干预”这个词，这位先生不知想了些什么，但想的恰恰不是其中的意思，他忘了这种国家干预在英国早已以工厂法的形式存在。更坏的是：他把“我们要求一个为了工人阶级的日内瓦公约”这句话了解为您要求在日内瓦召开一次代表会议来调整这件

① 《马克思恩格斯全集》第三十五卷，人民出版社1971年版，第18—19页。

事！！对这种混蛋有什么办法呢？我借此机会实现了我要同《劳动旗帜报》断绝关系的决定，因为这家报纸不是变好，而是更坏了。[①]

1882年2月10日，恩格斯在写给约翰·菲力浦·贝克尔的信中回顾说：“在五个月当中，我一直力图通过《劳动旗帜报》（我为它写过社论）从论述往日的宪章运动开始来传播我们的思想，看看这样是否能得到一些反应。但毫无结果，因为那位编辑，一个好心的但是很软弱的人，最后对我在该报所写的大陆上的异端邪说也感到害怕了，所以我就放弃了这个打算。”[②]

二、各版本说明

莫尔顿和台德在《英国工人运动史（1770—1920）》一书中介绍，恩格斯在1881年为《劳工旗帜》周刊（The Labour Standard，即《劳动旗帜报》）写的这些文章收集在叫作“英国劳工运动”（The British Labour Movement，1934年出版）的小册子里。[③]

1936年，英国伦敦的劳伦斯＆威沙特出版社（Lawrence Wishart）出版了《英国工人运动》（The British Labour Movement：articles from the

①《马克思恩格斯全集》第三十五卷，人民出版社1971年版，第214页。

②《马克思恩格斯文集》第十卷，人民出版社2009年版，第476—477页。

③［英］莫尔顿、台德：《英国工人运动史（1770—1920）》，叶周、何新等译，生活·读书·新知三联书店1962年版，第325页。

Labour standard）一书。这是英国一家著名的左翼出版社，创始人欧内斯特·爱德华·劳伦斯在剑桥大学完成学业后，与朋友道格拉斯·加曼合伙创立出版社。劳伦斯与同时期很多剑桥校友一样，对马克思主义很感兴趣，尽管他终生未加入共产党，但对共产党人抱有极大的好感。1936年，劳伦斯接管并合并马丁·劳伦斯的生意，并将合并后的企业命名为劳伦斯＆威沙特公司。公司出版了很多政治色彩浓厚的作品，包括马克思、恩格斯、列宁和斯大林等人全集的译作。

1940年，美国纽约的国际出版社（New York：International Publishers）出版了恩格斯发表在《劳动旗帜报》上的文章，书名为“英国工人运动”（THE BRITISH LABOR MOVEMENT），一共47页。

美国国际出版社出版的《英国工人运动》

1940年，吴文焘翻译了《英国工人运动》一书，全书一共55页。该书作为“职运丛书”第三集，由当时延安的中国工人社出版、新华书店发行。在这本书中，没有收录并翻译恩格斯在1881年6月下半月所写的、发表在1881年6月25日的《劳动旗帜报》第8号上的《两个模范市议会》这篇社论。在该书中，《工联》一文被译为《工联》（一）和《工联》（二）。

《英国工人运动》吴文焘译本 1940 年版

《英国工人运动》吴文焘译本 1950 年版

1949 年中华人民共和国成立后，中央编译局翻译出版了大量的马克思和恩格斯著作单行本。1950 年 4 月，吴文焘翻译的《英国工人运动》单行本由工人出版社出版发行第一版。1951 年 3 月，工人出版社又出版发行了该书的第二版。

三、内容简介

《英国工人运动》一书中收录了恩格斯从 1881 年 5 月至 8 月间为《劳动旗帜报》撰写的多篇社论:《做一天公平的工作，得一天公平的工资》、《雇佣劳动制度》、《工联》（一）、《工联》（二）、《对法国的通商条约》、《美国的食品和土地问题》、《反谷物法同盟的工资理论》、《工人政党》、《俾斯麦和德国工人党》、《棉花和铁》、《必要的和多余的社会阶级》。

（一）《做一天公平的工作，得一天公平的工资》

此文是恩格斯对工联主义错误思想进行具体批评的文件。他从作为近50年来英国工人运动的口号——“做一天公平的工作，得一天公平的工资”谈起，一方面，他肯定了这个口号在历史上曾经作出的贡献；另一方面，他强调在阶级斗争依然存在的情况下，它已经过时和不适用了。恩格斯提出了三个问题质疑这一口号：“做一天公平的工作，得一天公平的工资？可是什么叫一天公平的工资，什么叫一天公平的工作呢？它们是怎样由现代社会生存和发展的规律决定的呢？”[①]在恩格斯看来，要判断公平与否，不应当用道德学或法学作为评判标准，也不应当依靠任何人道的、正义的甚至慈悲之类的温情。因为在道德上和法律上是公平的，但从社会上来看未必是公平的。因此，必须用政治经济学——这个研究生产和交换的物质事实的科学来加以判断。

在恩格斯看来，资本主义社会中，资本主义的政治经济学家所说的起点公平的观点是站不住脚跟的，因为工人与资本家之间交易的本质是“工人付出的要尽可能多，资本家付出的要尽可能少”[②]，资产阶级和无产阶级之间并不存在起点的公平。由于资本家采用机器大生产，庞大的产业后备军由此得以产生，由于庞大的产业后备军的出现，使得资本的力量在与劳动的斗争中变得更加强大，与之相对应的是工人的工资变得更低了。资本家支付给工人工资的钱，是从资本中来的。但是资本并

①《马克思恩格斯全集》第二十五卷，人民出版社2001年版，第488页。

②《马克思恩格斯全集》第二十五卷，人民出版社2001年版，第489页。

不产生价值，其本身不过是积累起来的劳动产品而已。除土地以外，劳动是财富的唯一来源，所以工人的劳动报酬——工资是由劳动支付的，是从他自己的产品中支取的。“按照我们通常所说的公平，劳动者的工资应该相当于他的劳动产品。但是按照政治经济学，这并不是公平的。相反，工人劳动的产品落到了资本家手里，工人从中得到的仅仅是生活必需品。所以竞争这种异常‘公平’的比赛，其结果就是劳动者的劳动产品不可避免地积累在不劳动者手里，并变成他们手中最有力的工具，去奴役正是生产这些产品的人。”[①]

恩格斯在考察了“做一天公平的工作，得一天公平的工资”这个口号后得出的结论是：在资本主义制度下，工人以同样的工作日长度和工作强度完成一天的工作后，仅能获得购买满足其基本生活所必要的生活资料和用以保持其工作能力和延续其后代所需要的工资，并不能获得公平的工资。

因此，恩格斯认为在资本主义剥削制度下不可能有真正的公平，“做一天公平的工作，得一天公平的工资”这个口号已经过时、不大适用了，应该摒弃掉，以新的口号——“劳动资料——原料、工厂、机器——归工人自己所有！”[②]来取代它。

（二）《雇佣劳动制度》

恩格斯认为，造成对工人的产品最不公平分配的根本原因在于雇佣

①《马克思恩格斯全集》第二十五卷，人民出版社 2001 年版，第 490 页。
②《马克思恩格斯全集》第二十五卷，人民出版社 2001 年版，第 491 页。

劳动制度的存在。在资本主义社会中存在着两大对立的阶级，一方是垄断了全部生产资料——土地、原料、机器的资本家；另一方是不拥有任何生产资料、除了自己的劳动力之外一无所有的工人阶级。因为工人阶级不占有任何生产资料，因此只能以出卖劳动力为生；而资本家通过控制和支配生产资料，同时拥有了对生产资料的生产经营、支配、收益和处置权，迫使工人阶级把劳动力作为商品出卖。在资本主义社会中，由于资本家占有生产资料，而工人阶级不占有任何生产资料，仅有自己的劳动力，这就使得工人阶级被迫出卖劳动力；对他来说这并不是一种自由的选择，而是被迫的行为。雇佣劳动制度的存在，“把工人变成他自己所生产但却被资本家所垄断的产品的奴隶”[①]。对于工人阶级来说，其所要求的平等或仅仅是公平的报酬，在雇佣劳动制度存在的情况下是不可能实现的，这就像在奴隶制存在的情况下，奴隶要求获得自由不可能实现是一样的。

恩格斯批评英国工联开展了近60年的反对资本主义剥削制度的斗争，这种斗争既没有将工人阶级从资本的奴役下解放出来，没有能够让工人阶级中的一部分人的地位得到提高，也没有让工人阶级成为自己的生产资料的主人，从而成为自己生产的劳动产品的主人。究其原因，在于英国工联对于雇佣劳动制度并不是持反对的态度，这就造成了工人阶级既不能拥有一切劳动资料，也不能占有他们自己生产的全部产品，因此就不能获得真正意义上的解放。

恩格斯虽然批评了工联，但并没有因此全盘否定其存在的价值。

①《马克思恩格斯全集》第二十五卷，人民出版社2001年版，第492页。

他强调在英国工人阶级同资本进行斗争的过程中，工联的存在是必需的。以获得的工资多少为例，恩格斯明确指出，如果单独一个工人试图去和资本家就工资问题讨价还价，那他很容易失败，而且不得不无条件投降。但是如果有工联这样一个强有力的组织，工人就有可能得到相对公平的工资。工资规律并不是一种固定不变的东西，它在一定限度内具有了伸缩性。在任何时期（大萧条时期除外），每一行业的工资额都是根据斗争双方的斗争结果在一定的范围进行波动。在任何时候，工资都是讨价还价的结果；而要想在讨价还价的过程中获得有利地位，必须坚持得更长久和更有效，这样才有可能得到比应得的更多的工资。当然，如果工联没有进行抵抗的话，工人甚至拿不到按照雇佣劳动制度规则应该获得的工资。由于资本家害怕他眼前的工联，因此，他才不得不支付工人的劳动力的全部市场价值。[①]

（三）《工联》（一、二）

英国工会联合会的简称是英国工联，它是在 19 世纪 50—60 年代、继英国宪章运动衰落之后出现的一个熟练的工人工会组织。马克思和恩格斯一直非常关注工联，既充分肯定它在开展工人运动中的作用，又毫不隐讳地指出工联运动的局限性。他们利用一切机会向工联施加影响。马克思、恩格斯认为，工联能将英国的工人阶级组织起来，尽管存在着改良主义的倾向，但作为一支重要的政治力量影响了工人运动的进程，并有利于国际无产阶级运动的发展。

---

①《马克思恩格斯全集》第二十五卷，人民出版社 2001 年版，第 493—494 页。

恩格斯在这篇文章中考察了工联的发展历程，分析了工联作为工人阶级的组织者的作用，评价了工联的理论与实践。他认为，工联是工资的调节者之一。他在谈到工联对工资的影响时指出："在那些工人没有组织起来的行业中，工资有不断下降的趋势，工作时间有不断增加的趋势。"[①]因为资本家和工人相比人数虽然很少，但是他们一向是有组织的，他们之间有经常的社交和商业往来，这就使他们形成了一个特殊的阶级。而工人群众在没有组织时是没有力量的。1824年，英国从法律上承认了工联的合法地位，"从那时起，工人在英国成了一支力量……除了联合和共同行动所产生的力量以外，很快又增添了相当充足的财力"[②]，这使得资本家不能任意地减少工资和增加工作时间。因此，恩格斯指出："工联现在已经成了得到承认的机构，它作为工资的调节者之一的作用，被承认为同工厂法作为工作时间的调节者的作用完全一样。"[③]"这样，工联活动的结果是：工资规律违反雇主的意志而得到了实现；任何组织完善的行业的工人，都能获得至少接近于他们所提供给雇主的劳动力的全部价值；在国家法令的帮助下，工作时间至少不会过分超出最大限度致使劳动力过早耗尽。"[④]

恩格斯还分析了工联组织的政治局限性。工联"直到现在还把自己的活动几乎严格地局限于参加调节工资和工作时间以及要求废除公开敌

---

①《马克思恩格斯全集》第二十五卷，人民出版社2001年版，第496页。

②《马克思恩格斯全集》第二十五卷，人民出版社2001年版，第497页。

③《马克思恩格斯全集》第二十五卷，人民出版社2001年版，第498页。

④《马克思恩格斯全集》第二十五卷，人民出版社2001年版，第498页。

视工人的法律这种职能上”[①]，即主要组织工人阶级开展经济斗争。工联忘记了自己作为工人阶级先进部队的责任，“所以，有了组织的各行业必须好好地考虑下述两点：第一，英国工人阶级很快就会明确地要求自己在议会中有充分的代表权。第二，工人阶级也很快就会了解，提高工资缩短工作时间的斗争，以及今天工联所进行的全部活动，并不是目的本身，而只是一种手段，是一种非常必要和有效的手段，但只是达到一个更高目的的许多手段中的一种，这个更高目的就是完全废除雇佣劳动制度”[②]。要让工人在议会里有充分的代表权和实现废除雇佣劳动制度这个更高目标，恩格斯强调必须建立整个工人阶级的组织，即工人阶级政党。

（四）《对法国的通商条约》

恩格斯在这篇文章中批评了英国曼彻斯特学派，该学派提出贸易和平论，主张拆除国与国之间的贸易壁垒，进行自由贸易。它曾经预言“自由贸易一旦在英国建立起来，就会造福全国，以致其他国家也必然会群起仿效，并向英国的商品开放自己的港口”[③]。但事实并非如此，相反，不仅欧洲大陆各国和整个美洲，甚至英国的殖民地都提高了自己的保护关税。

在恩格斯看来，曼彻斯特学派所主张的贸易和平论的实质是：由于英国是世界上最早进行工业革命的国家，由于它在机器方面的巨大进步，

---

①《马克思恩格斯全集》第二十五卷，人民出版社 2001 年版，第 500 页。

②《马克思恩格斯全集》第二十五卷，人民出版社 2001 年版，第 501 页。

③《马克思恩格斯全集》第二十五卷，人民出版社 2001 年版，第 503 页。

由于它有庞大的商船队，有煤和铁，所以应当以工业品供应全世界，而其他国家应当供应英国农产品：谷物、酒类、亚麻、棉花、咖啡、茶叶，等等。“那时，而且只有到那时，地球上才会有和平，人类才会和睦。那时，所有国家就会由贸易和互惠的亲密纽带联结起来，和平与丰裕的时代将永远长存”[①]。就是说，由于英国工业具有优势地位，这让它在全世界工业中永远居于垄断地位，使英国的工业品在大西洋彼岸的所有市场和欧洲某些市场上获得了实际的垄断地位，而使其他各国都降为英国的单纯的农业附庸。

在这篇文章中，恩格斯还极富预见性地指出：由于英国在工业上具有优势地位，那么在其主导下建立起来的自由贸易，必然会导致英国和其他国家之间建立起来的是不平等的依赖关系，而所谓的和平也必然是英国霸权主导下的不平等、不公正的和平。恩格斯还明确指出，这一时期美国在很多方面已经走在了英国的前列，预言“不久就会使世界工业中心从英国转移到美国”[②]，英国工业垄断迅速衰落的事实已经是不可避免的了。

（五）《美国的食品和土地问题》

恩格斯在该文的开篇就明确指出，虽然周期性地爆发的工业危机，每两次中至少有一次是在美国爆发的，但是在19世纪的最后25年中，美国还是能够推翻英国农业中由来已久的关系，彻底改变大地主同租佃

---

①《马克思恩格斯全集》第二十五卷，人民出版社2001年版，第504页。

②《马克思恩格斯全集》第二十五卷，人民出版社2001年版，第506页。

者之间古老的封建关系，消灭英国的地租，并使英国的农田荒芜。之所以出现这种状况，是因为美国对西部疆域进行了开发，这一方面促进了美国农业的巨大发展，实现了农业规模化生产；另一方面，也对工业产生了联动效用，推动了机器生产。

美国西部大平原的处女地之所以能够成为世界谷仓，是因为其优越的自然条件和勤劳的欧洲移民。由于美国小麦、玉米、棉花等农产品的产量大增，在保证本国粮食供给的同时，还可以占领一定的国际市场，这就使得美国的工业、农业对英国产生了猛烈冲击。由于“美国在农业上的这种革命，加上美国人所发明的革新的运输工具，使他们运往欧洲的小麦价格非常低廉，以致任何一个欧洲农场主都不能与之竞争，至少在他必须缴纳地租的时候是不行的”[①]。所以，大量运往欧洲市场的谷物和肉类，左右了欧洲的价格。国际市场上谷物的价格，是由在美国的生产费用加上运费决定的。美国农业的发展对欧洲大陆产生了竞争压力，不仅使大地产成为无用，而且也使小地产成为无用，使两者都变得无利可图了。

在这样的竞争压力之下，恩格斯认为，只有实行土地国有，并在国家监督下把土地交给合作社耕种，这样国际市场上的谷物和肉类价格无论如何变化，耕种者和国家都能从农业经营中获得利益。

（六）《反谷物法同盟的工资理论》

恩格斯的这篇文章是为了回应约·诺布尔的一封来信。约·诺布尔

① 《马克思恩格斯全集》第二十五卷，人民出版社 2001 年版，第 513 页。

是自由贸易论者，反谷物法同盟的拥护者，他在信中指责恩格斯1881年6月18日发表在《劳动旗帜报》的社论——《对法国的通商条约》中的一些观点。恩格斯认为，虽然约·诺布尔是站在官方政党的立场上，但由于他是真诚的，所以自己愿意回复他一次。

反谷物法同盟主张贸易自由，废除所谓的谷物法，其目的一方面是为了让工人的工资下降，另一方面是为了削弱土地贵族的经济和政治地位。同盟认为，“取消谷物的关税将增加英国同外国的贸易，将直接增加英国的输入，作为交换，外国主顾将购买英国的工业品，从而增加对英国工业品的需求；那么，在英国，对工业劳动人口的劳动的需求也将增加，因此工资也一定会提高”[①]。恩格斯在文中指出，反谷物法同盟根据其理论得出了“工资的涨落不是和利润成反比，而是和食物的价格成反比；面包贵工资就低，面包贱工资就高”[②]这样一个令人惊奇的结论，而且该同盟的代言人还认为纯粹是受谷物法的影响，才会出现十年一次的营业危机，只要废除这些法规，这种危机就必然会消失。事实上这是由于周期性的经济危机造成的。“哪一个工业部门生意兴隆，同时工人又有坚强的组织保卫自己，那里工人的工资一般都没有下降，有时或许还提高了。……哪一个工业部门营业衰落，或者工人没有组成坚强的工联，那里工人的工资就一定下降，往往降到挨饿的地步。”[③]

---

①《马克思恩格斯全集》第二十五卷，人民出版社2001年版，第515—516页。

②《马克思恩格斯全集》第二十五卷，人民出版社2001年版，第516页。

③《马克思恩格斯全集》第二十五卷，人民出版社2001年版，第518页。

恩格斯还介绍了反谷物法同盟的工资理论，指出只有工人阶级拥有强有力的组织并能够积极有效地开展斗争，那么，他们的工资和生活水平才有可能得到提高。

（七）《工人政党》（《工人党》）

随着无产阶级队伍的不断发展壮大和力量的不断集中，工人们越来越清醒地意识到只有联合起来，才能维护自身的利益。工人阶级要维护自身的利益，实现自身的政治诉求，必须建立一个独立的无产阶级政党，而当时的阶级斗争情况表明，这个目标的实现已是指日可待。恩格斯在《工人政党》一文中指出，在英国，工人阶级有它本身的政治利益和社会利益，因此必须建立自己的政党。因为无论是辉格党，还是托利党，无论是保守党，还是自由党，或者是激进党，他们都只代表统治阶级的利益，代表在大地主、资本家和小商人中占优势的各式各样的意见，并不能代表工人阶级的利益。如果他们代表工人阶级，那他们肯定是不正确的代表。

恩格斯批评英国工人阶级在近25年中甘愿充当“伟大的自由党”的尾巴，受到工联主义的不良影响，而把政治斗争几乎完全交给了托利党、辉格党和激进党这些资产阶级政党。而其他资本主义国家的工人非常活跃，积极开展政治斗争，唯独英国工人阶级没有，这与它——欧洲组织得最好的工人阶级的政治地位是不相称的。而现在，在英国，“老的政党注定要灭亡，老的套语变得没有意义了，老的口号已被推翻，老的万应灵丹已经失效了”[①]，需要开辟一条通向民主制的新路。因为工人阶级在人数上具有优势地位，占人口的绝大多数，所以民主制实质上就是工人阶级的统治，这就需要工人阶级向议会派出自己的代表。在英国，工人阶级只有在经济组织——工联之外，建立政治组织——政党，才能得到真正的解放。工人党作为真正民主的政党，必须是无产阶级性质的政党，唯有如此，它才有力量进行各项社会改革和政治改革。

（八）《俾斯麦和德国工人党》

恩格斯在这篇文章中，首先批评英国资产阶级报纸在面对俾斯麦及其爪牙镇压德国社会民主工党党员的残暴行为时，保持了极端的沉默。

恩格斯在该文中揭露了俾斯麦的暴行，即俾斯麦通过了一项法令，宣布社会民主党为非法，查封工人的报纸，解散工人的团体和俱乐部，没收他们的基金，派警察驱散他们的集会，还下令规定可以“宣布”整个城市和地区“戒严”。在恩格斯看来，英国的高压法在爱尔兰从来不敢做的事情，俾斯麦在德国都做出来了。但是俾斯麦的这种高压政策并没有取得预期的效果，相反，广大人民被俾斯麦的高压手段激怒了。由于人民被剥夺了利用合法的手段进行自卫的权利，因此不得不利用“非法”的手段进行斗争，这使得德国社会民主党获得蓬勃的发展，拥有了坚强的组织；工人阶级政党的候选人在地方议会和国会

① 《马克思恩格斯全集》第二十五卷，人民出版社 2001 年版，第 521 页。

选举中当选。

（九）《棉花和铁》

恩格斯在该文中论述了棉花和铁这两种最重要原料的决定作用，指出无论哪个国家，只要它在棉织品和铁制品生产方面占据了首位，那么它就能在工业国中居于首位。由于棉花和铁的重要性，人们以为英国棉纺织业和制铁业工人一定会生活得非常好，生产这两类商品的行业一定会很兴旺，英国在市场上一定会占据统治地位，但事实并非如此。这两个行业的工人的状况没有变得更坏，甚至在某些情况下变好的原因，完全是由于他们自己的努力以及坚强的组织和艰苦的罢工斗争的结果。

恩格斯分析了棉纺织业和制铁业在1874年前后短暂的几年繁荣时期以后完全衰落的原因。棉纺织业和制铁业虽然曾经有过几次复苏的尝试，有过几次向上的突进，但是营业仍然处于停滞状态，而市场依旧不能吸收全部产品。究其原因在于无限制竞争的制度下，各国资产阶级为一己私利不断地增加机器设备、扩大生产，这就造成了本国的生产力远远超过市场的吸收能力，出现了生产过剩。资产阶级不可能联合起来调节生产，只能是加强对工人的剥夺。

恩格斯还通过列举各个资本主义国家在纺织工业、采矿工业和金属工业方面的数据，说明法国、德国、美国这些国家的工业发展速度已经远远超过了英国，在不久的将来，它们的产量加在一起就会超过英国。这说明，自由贸易并没能让英国保持工业上的优势，而这一切都是曼彻斯特学派的学说在英国占据统治地位带来的后果。因此，恩格斯强调曼彻斯特和伯明翰的绅士们应该迅速让位，让工人阶级在接下来的 25 年中干一干，并预言工人阶级一定比他们做得好。

（十）《必要的和多余的社会阶级》

恩格斯在这篇文章中介绍了英国社会中存在的三个阶级，即土地贵族、资本主义中等阶级和工人阶级，并分析了这三个阶级中哪一个是必要的阶级、哪一个是多余的阶级。他首先分析了土地贵族，认为在英格兰，这个阶级在经济上至少是无用的；而在爱尔兰和苏格兰，由于它那种灭绝居民的倾向，简直已经成为祸害了。

恩格斯重点分析了英国的开明自由主义阶级，即资产阶级，这个阶级建立了不列颠殖民帝国，树立了不列颠自由，在资产阶级执行着“创立现代蒸汽工业和蒸汽交通的体系，打破一切延缓或妨碍这个体系发展的经济和政治障碍”[①] 这种经济职能的情况下，毫无疑问，它就是一个必要的阶级，“这个阶级至少同它指挥并领导着不断进步的工人阶级是一样必要的”[②]。

但是，随着资本主义生产制度本身的发展，特别是股份制公司的出现，“资本家也完全和手织机工人一样被取代了”[③]，“资本家阶级也已经变得没有能力管理本国巨大的生产体系了，他们一方面扩大生产，以致周期地以产品充斥一切市场，而另一方面，又越来越无力抵

---

①《马克思恩格斯全集》第二十五卷，人民出版社 2001 年版，第 535 页。

②《马克思恩格斯全集》第二十五卷，人民出版社 2001 年版，第 535 页。

③《马克思恩格斯全集》第二十五卷，人民出版社 2001 年版，第 536 页。

御外国的竞争”[①]。所以，工人阶级自己就可以把本国的大工业管理好，根本不需要资本家阶级的干预，资本家阶级的干预对其来说日益成为一种祸害。因此，恩格斯再次呼吁，请资本家走开，给工人阶级来干一干的机会！

①《马克思恩格斯全集》第二十五卷，人民出版社 2001 年版，第 537 页。

《英国工人运动》吴文焘译本考释

一、译介背景

俄国十月革命一声炮响，给中国送来了马克思列宁主义，也给苦苦探寻救亡图存出路的中国人民指明了前进的方向，提供了全新的选择。在中国先进知识分子中间，马克思主义开始迅速传播开来。特别是从20世纪20年代开始，众多马克思列宁主义论著的中文版本出版发行，这对于宣传马克思主义发挥了重要作用。

作为新文化运动的中心和五四运动的发祥地，北京大学同时也是中国最早传播马克思主义的重要基地。以李大钊倡导创立的北京大学社会主义研究会和此后成立的北京大学马克思学说研究会为代表的这些马克思主义社团，都将收集、借阅马克思主义的著作文献，编译社会主义书籍作为自己的主要责任。北京大学还把马列主义理论引入课堂，编成讲义，并且进行考核，这使得马克思主义在北大学生中产生了极大的影响。正因为如此，吴文焘作为北京大学的学生，不可避免地受到马克思主义的影响。他从北京大学外文系毕业后，毅然奔赴革命圣地延安。他到达延安以后，曾先后进入陕北公学、马列学院学习。延安马列学院主要开设了政治经济学、哲学、马列主义基本问题等课程。和从全国各地奔赴延安的青年学生一样，吴文焘在马列学院中接受了马列主义基础知识的教育，在思想上确立了无产阶级世界观，进而坚定了共产主义理想信念。

红军长征到达陕北之后，延安成为中共中央所在地。抗日战争时期，延安成为指导全国人民进行抗日战争的真正中心，以延安为中心的陕甘宁边区，也成为中国共产党领导的敌后抗日根据地的总后方。随着马列经典著作的出版中心转移到延安，为此后系统地大量地翻译和出版马列著作提供了有利的条件。

延安时期，为了加强对根据地抗日救亡运动的宣传和提高广大干部和群众的政治理论水平、科学文化知识水平，为了用马列主义理论武装广大干部战士和群众的头脑，中国共产党强调要“坚持公开宣传马列主义，出版翻印各种关于马列主义刊物与书籍，组织各种社会科学的研究会与读书会等”[①]。

1938年，毛泽东在《中国共产党在民族战争中的地位》一文中提出关于学习的问题，其中一个重要的学习任务就是“一切有相当研究能力的共产党员，都要研究马克思、恩格斯、列宁、斯大林的理论……并经过他们去教育那些文化水准较低的党员”[②]。在毛泽东看来，虽然“我们党的马克思列宁主义的修养，现在已较过去有了一些进步，但是还很不普遍，很不深入……所以，普遍地深入地研究马克思列宁主义的理论的任务，对于我们，是一个亟待解决并须着重地致力才能解决的大问题”[③]。中共扩大的六届六中全会也号召在全党范围内开展一个学习竞赛，努力学习马列主义思想理论，把其应用到中国革命的具体斗争实践

①《中共中央文件选集》第十二册，中共中央党校出版社1991年版，第72页。

②《毛泽东选集》第二卷，人民出版社1991年版，第532—533页。

③《毛泽东选集》第二卷，人民出版社1991年版，第533页。

之中，并强调指出“学习理论是胜利的条件”，“如果中国有一百个至二百个系统地而不是零碎地，实际地而不是空洞地，学会了马克思主义的同志，那将是等于打倒一个日本帝国主义。同志们，我们一定要学习马克思主义”。[①]

由于陕甘宁边区和其他抗日根据地掀起了学习文化、研读马列著作的热潮，马列著作的翻译、出版和发行工作受到高度重视。为了让马克思列宁主义在中国得到广泛的传播，中国共产党专门成立马列学院编译部（1938 年 5 月）和军委编译处（1938 年 10 月）两大翻译机构，有组织、有计划地开展翻译出版马列经典著作，先后出版了“马恩丛书”“列宁丛书”，以及多卷集的《列宁选集》《斯大林选集》等。中国共产党非常重视马列译著的出版及发行工作。1939 年 6 月，中共中央出版发行部正式组建，李富春兼任该部部长。1942 年，该部更名为中共中央出版局，博古任局长，党的出版发行工作由该局负责。1938 年 7 月停业的光华书店经过充分的准备，在 1939 年 9 月 1 日正式更名为新华书店，毛泽东亲笔为新华书店题写了店名。新华书店成立后，在中共中央出版局的领导和管理下负责马列著作和党刊党报的出版、发行工作。这些机构的设立，使得及时、准确地出版和发行马列译著工作有了保障。

延安时期，马列著作的翻译和出版工作在党的领导下有计划有组织地开展，当时全国各地成千上万的知识分子纷纷奔赴延安，其中不乏一大批懂外语的专业翻译人才，他们在翻译和出版马克思主义理论著作的

① 《中共中央文件选集》第十一册，中共中央党校出版社 1991 年版，第 658 页。

过程中发挥了马列思想的“智囊”作用，为马列著作的翻译工作提供了强大的智力支持，吴文焘就是其中的一员。这一时期系统、完整地翻译出版了大量马列著作，其翻译方法科学，翻译作品质量较高，这些著作大多以各种“丛书”的方式出版发行，其中包括“马克思恩格斯丛书”“列宁丛书”“抗日战争参考丛书”“职运丛书”“学习丛书”“抗战的中国丛刊”等。其中，吴文焘翻译的《英国工人运动》就属于“职运丛书”中的一册。

中国共产党作为马克思主义政党，非常重视工人运动，在领导工人运动过程中，特别重视对工人群众进行马克思主义理论教育。早在1938年中共扩大的六届六中全会上，张浩（原名林育英）做了《持久抗战中的职工运动大纲》的发言，在谈到关于抗战中职工运动的任务时指出：“加强已有的工人组织，大量的组织无组织的工人，是目前职运最迫切的任务。”① 如果能把散漫无组织的工人组织起来，将是职运的一个大进步。同时，还要“加强民族革命主义的教育，提高政治文化水平”②，通过开办工人干部训练班、工人夜校、识字班，对工人群众进行说服教育，提高工人的政治认识和文化水平，“以提高其自觉性、纪律性与组织性，更加强其澈底性、坚强性与胜利的信心”③。张浩在发言中还特别提到了陕甘宁边区的工人阶级，指出“现在边区工人已获得了他们所要获得的一切。目前的问题在于边区工人

①《中共中央文件选集》第十一册，中共中央党校出版社 1991 年版，第 724 页。

②《中共中央文件选集》第十一册，中共中央党校出版社 1991 年版，第 725 页。

③《中共中央文件选集》第十一册，中共中央党校出版社 1991 年版，第 725 页。

阶级的觉悟的程度赶不上政治上发展的速度”[①]，因此，目前的中心任务，是加强对边区工人的教育，利用民族化、中国化、通俗化的方式方法，“动员群众，把群众引上逐渐进步的道路，走上积极参加抗战建国工作的道路”[②]。

1939年4月，中共中央发出《关于开展职工运动与“五一”工作的决定》，强调“中国工人阶级过去现在都站在民族解放运动的先锋地位”[③]，但由于“工人阶级在抗战中的作用还没有达到应有的高度”，所以在开展职工运动过程中要“进行各方面组织与教育工人的工作”[④]，“加强对工人党员的马克思列宁主义的教育，注意培养工人干部，吸引工人干部来参加适当的工作，并经常在政治上、工作上教育他们”[⑤]。

为了加强对工人运动的指导，把工人阶级组织起来将其力量和作用发挥出来，中国共产党于1940年2月7日在延安创办了《中国工人》这一政治刊物。该刊由中共中央职工运动委员会主办，张浩主持了创刊工作并担任主编，由中国工人社负责该刊的编辑出版发行工作，毛泽东特意为该刊撰写了发刊词，希望它在教育工人、训练工人干部方面发挥重要作用。1941年3月，《中国工人》停刊，后改为《解放日报》副刊。在《中国工人》出刊期间，延安中国工人社编辑、

①《中共中央文件选集》第十一册，中共中央党校出版社1991年版，第737页。

②《中共中央文件选集》第十一册，中共中央党校出版社1991年版，第738页。

③《中共中央文件选集》第十二册，中共中央党校出版社1991年版，第47页。

④《中共中央文件选集》第十二册，中共中央党校出版社1991年版，第47、48页。

⑤《中共中央文件选集》第十二册，中共中央党校出版社1991年版，第49页。

出版了“职运丛书”，通过向工人群众介绍马克思主义理论，对指导抗日战争时期的工人运动发挥了非常重要的作用，并努力把马克思主义理论用工人群众一听就懂的语言表达出来，有力地推动了工人群众学习马克思主义理论的热潮，深化了中国共产党对马克思主义理论的学习和研究。

二、译者介绍

吴文焘

吴文焘，1913 年 10 月出生于直隶省（今河北省）清苑县（今保定市清苑区）。1937 年 6 月，他毕业于北京大学外语文学系。大学毕业后吴文焘奔赴延安，1937 年 11 月，在延安参加革命工作。1938 年 3 月，光荣地加入了中国共产党。吴文焘在到达延安之后，曾担任中共中央机关刊物《解放》周刊的编辑。1937 年 4 月 24 日，《解放》周刊在延安蓝家坪创刊，作为中国共产党的政治理论刊物，《解放》周刊积极宣传中国共产党的抗日民族统一战线的理论和政策，同时，还组织人员翻译了许多马列原著中的文章并在该周刊上予以刊发。这使得《解放》周刊在当时成为宣传马列主义的重要理论阵地，对于全党理论水平的提高作出了重要贡献，起到了党和人民喉舌的作用。

作为《解放》周刊的编辑，吴文焘撰写了很多关于时局的文章发表在周刊上。同时，作为北京大学外语系的高才生，他充分发挥自己的专业优势，翻译了很多文章并发表在周刊上。

1940年10月，中共中央宣传部决定创办外文刊物《中国通讯》(Report from China)，以便更好地向国外宣传八路军和新四军在抗日战场上英勇抗击日本侵略者的斗争事迹，以及中国共产党领导的抗日革命根据地建设情况。1941年3月，《中国通讯》创刊。作为兼用英、俄、法三种语言不定期出版的外文刊物，该刊最初由中共中央宣传部国际宣传委员会主办，当时在中共中央宣传部工作的吴文焘具体负责刊物的编辑工作。当时生活在延安的一些外籍同志和懂外文的同志都是《中国通讯》的撰稿人，这其中包括美国人马海德，印度人巴苏华，越南人黄正光，印尼人王大才，华裔印尼人毕道文、肖三及他的德国籍夫人叶华等。《中国通讯》第1期专门报道皖南事变，总共刊登了5篇文章，这其中包括马海德撰写的英文社论，吴文焘撰写的英文报道，肖三用俄文、巴苏华用英文、黄正光用法文撰写的文章。

为了开展好宣传工作，集中人力、物力出版党报，中共中央在延安创办大型中央机关报——《解放日报》。吴文焘虽然是在抗战以后才参加工作的，但是由于他是大学生，工作能力强，因此，1941年7月，组织上便将他调到《解放日报》担任第1版的编辑。同年11月，吴文焘又被调到新华社，担任副社长，并主持日常工作。

1944年8月，在英国人迈克尔·林赛(Michael Lindsay，中文名字为林迈可)的帮助下，新华社英文广播部在延安成立，并于8月8日开始试播。1944年9月1日，新华社英文文字广播正式开播，吴文焘作为新华社副社长，主持新华社日常工作的同时还兼任英文广播部主任。

新华社英文广播部的开播具有非常重要的意义，这是中国共产党领导的新闻机构第一次利用无线电通信技术向国外播发英文新闻，彻底打破了国民党的新闻封锁和新闻垄断，向世界人民介绍了解放区的真实情况，提高了解放区对外宣传的话语权和影响力，从而使中国共产党的对外宣传工作迈出了坚实重要的一步。

吴文焘作为新华社主持日常工作的副社长，还非常重视 1940 年 12 月 30 日正式开播的延安新华广播电台的工作。新华社的广播科具体负责为延安新华广播电台编写和提供广播稿。在新华社社长博古和副社长吴文焘的带领下，为了丰富延安台的报道内容，提高报道稿件的质量，广播科的同志们尽量将稿件编得口语化。

抗日战争胜利后，1945 年 10 月，中共中央决定从延安抽调大批干部前往东北，其中包括由新华社副社长吴文焘率领新华社、《解放日报》的 16 人赴东北组建新华社东北总分社。他们从延安步行奔波了 3 个多月才到达东北。1946 年 2 月 4 日，新华社东北总分社在吉林海龙（中共中央东北局所在地，今梅河口市）正式成立，吴文焘担任社长。为了加大对中国共产党和各解放区的宣传，提高中国的国际影响力，同时，为了加强对外交往，更多地了解国际舆论，中共中央决定在国外组建一批新华社海外分社，这其中包括由吴文焘负责创建的新华社布拉格分社。1947 年 7 月初，吴文焘受组织派遣从哈尔滨起程前往莫斯科，然后经由那里去到捷克斯洛伐克的首都布拉格。吴文焘此行有两项任务，一项任务是作为中国解放区代表团成员，出席在布拉格举行的第一届世界青年联欢节活动，另外一项任务是作为新华社记者常驻东欧，并积极开展国际宣传工作。

1953年5月，根据组织的安排，吴文焘离开布拉格回国。1954年，他担任了《人民日报》副总编辑，曾经先后参加日内瓦会议、亚非会议的报道工作。1955年秋，调到外文出版社任副社长。

1961年春，《毛泽东选集》第四卷英文版的翻译工作全部完成，外文出版社出版发行了《毛泽东选集》第四卷的国内版。此后，鉴于国外已出版的《毛泽东选集》前三卷的英文版内容有很多地方不够准确，需要重新修改，英文组又开始投入到前三卷的修订工作中。1961年12月，专门成立毛泽东著作翻译室，负责《毛泽东选集》的翻译工作。1961年，孟用潜开始主持修订英文版前三卷译稿，吴文焘与之前参加过《毛泽东选集》前三卷的英译定稿工作的钱锺书也相继加入定稿组，成为新增加的定稿组人员。修订工作于1965年完成。同年，英文版《毛泽东选集》（国内版）第一至三卷由外文出版社出版。

自1979年起，吴文焘先后担任外文出版发行事业局副局长、局长、党组书记。[①]2011年6月16日，吴文焘因病在北京逝世，享年98岁。

三、编译过程及出版情况

抗日战争时期，以延安为中心的陕北根据地，不仅是当时最大的解放区，还是中共中央和中央军委的所在地。这里不仅是中国共产党领导全国人民进行抗日战争的中心，同时也是翻译马克思和恩格斯著作的出

---

① 冯健主编：《中国新闻实用大辞典》，新华出版社1996年版，第713—714页。

版中心。延安时期，为了加强对马克思主义理论的学习和研究，中国共产党有计划地、系统地翻译并出版了大量的马克思列宁主义著作，从而掀起了翻译、出版和宣传马列主义的高潮。当时的延安翻译出版了大量的马列著作，将产生于欧洲的马克思主义从西方语言和风格转换成了具有中国特点的语言，这为马克思主义在中国的广泛传播奠定了坚实的基础，有力地推动了马克思主义的大众化。

1940 年，吴文焘翻译了恩格斯所著的《英国工人运动》一书，该书作为“职运丛书”第三集由中国工人社出版。该书收录了 1881 年 5 月 7 日至 8 月 6 日间恩格斯发表在英国《劳动旗帜报》上的 11 篇社论。[①]

新民主主义革命的胜利，为马克思主义经典著作的翻译和出版创造了有利条件。中华人民共和国成立后，我国马列著作的翻译与出版进入了崭新的历史阶段，开始系统地、大规模地翻译和出版马列著作。当时，在全国范围内，从机关到部队，从工厂到学校，各个单位都有组织地开展马克思主义理论学习；高校还专门开设政治理论课，对学生进行系统的辩证唯物主义和历史唯物主义理论教育。为了满足广大群众学习马克思主义理论的需要，迅速地、大量地出版马列主义著作就成为当时一项重要的任务。1950 年 12 月，人民出版社重建，其重要任务之一就是出版马列著作。从 1949 年中华人民共和国成立到 1956 年中文版《马克思恩格斯全集》第一卷出版，马克思恩格斯著作的翻译出版进入到一个蓬勃发展的新时期。这一时期，还翻译出版了大量的马克思和恩格斯著作

① 中共中央马克思恩格斯列宁斯大林著作编译局马恩室：《马克思恩格斯著作在中国的传播》，人民出版社 1983 年版，第 304 页。

单行本，其中包括吴文焘翻译的恩格斯的《英国工人运动》一书。该书第一版于 1950 年 4 月由工人出版社出版发行，共计印发 5000 册。1951 年 3 月，该书第二版再次由工人出版社出版发行，印数 5000 册。

《英国工人运动》吴文焘译本译文解析

1940年出版的吴文焘翻译的《英国工人运动》（以下简称“吴译本”）一书中收录的恩格斯从1881年5月至8月间为英国工联的机关报《劳动旗帜报》撰写的11篇社论，原文是用英文撰写的，其中《工联》（吴译本译为《职工会》）一文分为《工联》（一）和《工联》（二）。通过对照《英国工人运动》吴译本和《马克思恩格斯全集》（以下简称“《全集》”）中文第一版第十九卷、中文第二版第二十五卷收录的版本，对吴译本做一些分析和评价。由于恩格斯为《劳动旗帜报》所撰写的《两个模范市议会》这篇文章没有收录进吴文焘翻译的《英国工人运动》一书，故在此不做分析。

一、术语考证

对吴译本中翻译术语的考察主要从以下三类进行分析：第一类是吴译本使用的术语与现行通用术语的表达和含义基本一致；第二类是与现行通用术语虽然存在一定的差别，但可以“望文生义”，基本可以理解的术语；第三类是吴译本中与现行通用术语的表达不一致且含义差异较大的术语。下面分别加以说明。

（一）第一类——表达和含义基本一致的术语

吴译本中有大量的术语与现行通用的术语是一致的，一些有特定含义的专有术语，例如“结社法”（第8页）、“宪章运动”（第8页）、“衡平法”（第8页）等，这种译法一直沿用至今。还有像“工人阶级运动”“政治经济学”“资本”“价值”“市场价值”“价格”“利润”“生产过剩”“劳动阶级”“股票”“证券交易所”“投机”“私人企业”“有限公司”等这些常见的、至今仍在使用的术语。

吴译本中一些重要观点的译法和现在的表述基本保持一致，例如，吴译本中的“劳动是财富的唯一来源”（第10页）。资本主义社会存在着“两个对立的阶级——一方面是垄断全部生产手段、土地、原料、机械的资本家；另一方面是劳动者、被剥夺了一切生产手段占有权的工人，他们除去自己的劳动力而外，一无所有”（第12页）。资本家宣称“一切财产的来源都是劳动与节约（现译为节俭）”（第53页）。关于工资额是由什么决定的这个问题，在吴译本中的表述和现在基本一致，即“工资率便是由工人日常必需消费的那些商品的价格所决定”（第37页）。“如果其他一切都无变动，工资是随生活必需品的价格而涨落的”（第37页）。在《必要的和多余的社会阶级》这篇社论中，其英文原文是：“This, then, is the result: the economical development of our actual society tends more and more to concentrate, to socialise production into immense establishments which cannot any longer be managed by single capitalists.”[①]《全集》的译文是：“因此，结果就是：我们现实社会的经济发展，越来越趋于集中，趋于生产的社会化，使生产成为不能再由

①Engels: Social Classes—Necessary and Superfluous, The Labour Standard No.14, August 6, 1881.

单个资本家来管理的大企业。"[1] 在吴译本中，译文是："结果就是这样：我们现实社会的经济发展，日渐趋于集中，趋于把生产社会化成为不能再由单个资本家管理的巨大组织。"（第 54 页）

（二）第二类——"望文生义"可以理解的术语

吴译本中出现了一些人名、地名、报刊名，与现行通用术语存在着一定的差别，但可"望文生义"，读者基本上可以理解。

人名对照表

吴译本	全集版
莽克	蒙克
海德曼	海德门
狄尔克	查・迪耳克
斯拉葛	斯拉格
李家图	大卫・李嘉图
伊灵窝茨	伊林沃思
麦克伊弗尔	麦基佛
理查・考布登	理查・科布顿
卜鲁耐特－汤姆逊	佩罗内特－汤普森
伯来特	布莱特
狄林	狄龙
喀莱尔	托马斯・卡莱尔

地名对照表

吴译本	全集版
曼澈斯特	曼彻斯特
伦敦极东区	伦敦东头

[1]《马克思恩格斯全集》第二十五卷，人民出版社 2001 年版，第 537 页。

续表

吴译本	全集版
格劳斯特城	格罗斯特
台姆沃茨	塔姆沃思
贝肯赫德	伯肯黑德
布莱德弗德	布拉德福德
弗兰德	佛兰德
密士西比河	西部
萨孚特	索尔福
撒克逊省	萨克森
圣史梯芬宫	圣斯提芬
爱尔柏弗・拜耳门	埃尔伯费尔德－巴门
布莱司鲁	布雷斯劳
得莱登	德累斯顿
白明罕	伯明翰
蓝开夏	兰开夏郡
科莱德河	克莱德河
奥尔丹郡	奥尔德姆

报刊名及其他术语对照表

吴译本	全集版
《工人战旗报》	《劳动旗帜报》
《新世道》	《新道德世界和理性的报纸》
《北方明星》	《北极星报》
《共和》	《共和国》
反甲可宾战争	反雅各宾战争

在吴译本中，除了人名、地名、报刊名等专门术语之外，还有许多术语与现行术语表述不一致，但可“望文生义”，结合上下文，读者基本上能够理解这些术语的含义，不会影响读者领会恩格斯原著中的理论观点。下面就 11 篇社论逐一进行分析。

1.《“作公平的工作、得公平的工资”》(《做一天公平的工作，得一天公平的工资》)

在吴译本的这篇文章中，“工联”(Trades Unions)被翻译成“职工会”。工联作为一个专有名词，有其特定的含义。全国职工联合会是英国工联的组织，成立于1845年。联合会的活动仅限于争取出卖劳动力的优惠条件和改善工厂立法的经济斗争。吴译本的这种译法，读者结合上下文基本上能够理解。

类似的翻译，在吴译本中还有，可以参看下面表格。

吴译本	全集版
传种 / 传种接代	繁衍其后代
伦理学	道德
雇工	工人
耗费	消耗
工作时间	工作日
过活	生活
从工作岗位上排挤出去	失业
排除	排挤
钉在它脚上的炮弹	钉在脚上的铁球
生产物	产品
劳动生产物	劳动产品
工作能率	工作能力
公平的出发点	公平的起点
养活性命的必需品	生活必需品
储集	积累
竞争	竞赛

2.《工资制度》（《雇佣劳动制度》）

吴译本	全集版
荷包	口袋
法则	规律
政治经济学的一种法则	政治经济学的规律
社会经济组织的法则	社会经济组织的规律
工资法则	工资规律
习惯法和成文法	成文法和不成文法
占有权	所有权
生产物	工人所生产的产品
劳动产物	劳动产品
工资奴隶	雇佣奴隶
工资率	工资额
生活程度	生活标准
减低工作时间	缩短工作日
计量	衡量
侵害	侵夺
过活	生活
争持	坚持
孤单	单独
失利	失败
戋戋微入	微薄收入
执行	实现
抵抗工具	抵抗手段
真正的补偿	真正的解放

3.《职工会》（一）［《工联》（一）］

吴译本	全集版
消费	费用
法则	规律
经济法则	经济规律

续表

吴译本	全集版
减低	减少
企图	竭力
必不得已	必不可免
压迫	压力
反抗方法	抵抗手段
阻断	打断
扩张	增加
要求 / 需要	需求
私心 / 利欲	欲望
生活程度	生活标准
工作时间	工作日
最高的、最低点	最高限度、最低限度
扩张	增加
厂家	工厂主
……匠	从事某一行业的工人
饿毙	饿死
薪金优厚	工资优厚
机制货物	机器生产的商品
供给	供应
商业	贸易
变动	波动
商业恶劣	商业不景气
步入舞台	登上舞台
形式上的	正式的
独立阶级	特殊的阶级
同业联合会	同业公会
坚强的组织	强有力的组织
以前那种无告的，本身分裂的群众	以前的彼此隔绝的孤立无援的群众
充裕的财源	充足的财力
抵抗钱	抵抗基金
权力	权利

续表

吴译本	全集版
公认	承认
最高长度	最大限度
商业变动	营业波动
罪恶的循环	恶性循环
所尽的职份	作用

4.《职工会》（二）［《工联》（二）］

吴译本	全集版
辩护者	辩护士
相反的辩解	否认
最稳妥、最捷便	最可靠、最简便
矫饰	掩饰
两大敌对阶级	两大对抗阶级
分占	分配
斥责	指责
抢掠	掠夺
地主贵族	土地贵族
最近目的	直接目的
政治最高权利	政治上的统治地位
卑下阶级	被统治阶级
崩溃	瓦解
不能匹敌	不能相比
自限于	局限于
推测	预料
中等阶级自由主义政客	资产阶级自由党
国会	议会
工人阶级前卫	工人阶级的先锋队
任务	责任
开鞘	拔出鞘
真正作为工人阶级的前驱	真正走在工人阶级的前列

续表

吴译本	全集版
服务员	办事员
不合情理	违背常理
征兆	迹象
根本的罪恶	祸根
觉悟到	意识到
这种知识	这种认识
传布	传播
唯一	惟一
总工会	总的联合会

5.《对法国的通商条约》

吴译本	全集版
订立	签订
通商关系	贸易关系
外交仪式	外交礼节
抗拒	对抗
税率	关税
商约	通商条约
自由入口	自由的进口
样本	例子
反复	翻来覆去
固执	顽固不化
自由贸易普遍嘉惠	自由贸易的普遍好处
救治	消除
弊害	弊病
失败	破产
博惠	造福
照样仿行	群起效仿
极端莫解的事	不解之谜
工业组织	工业体系

续表

吴译本	全集版
殖民地人民	殖民地臣民
嘉惠	好处
救治一切经济弊害	消除一切经济弊端
博惠全国	造福全国
制造品	商品
自由贸易倡导者	自由贸易使徒们
仿行 / 依样行事	仿效
值百抽五的关税	抽 5% 的关税
保护关税	禁止性关税
货币工资率	工资金额
竭尽企图	竭尽全力
上帝的敕令	天意、上帝的旨意
好年月	好日子
外界	外国
人类才会有福利	人类才会和睦
农民集团	庄稼汉的集合体
民族危机	民族的迫切需要
初生的工业	新生的工业
德国制造加盟自己	德国的工业家本身
保护税制	保护关税政策
精强的人民	精力旺盛的人民
长期的、持久的	旷日持久
竞赛的斗争	竞争
秘而不宣	隐瞒
在上位者（按指资本家而言——译者）	上等人
大西洋对岸	大西洋彼岸
慢性的贫困	长期的赤贫

6.《美国的食物与土地问题》（《美国的食品和土地问题》）

吴译本	全集版
工业震动	工业骤衰
远古的封建关系	古老封建关系
佃户	佃农
开垦	耕作
垦殖	耕种
农户	自耕农
生产费	生产成本
农业军队	农业大军
力求方法	想方设法
长卷的租折	长长的收租账单
小农户	小自耕农
近代	现代
优越条件	优势
庞大农庄	大农业
耗竭	衰亡
致于死命	毁灭
倾向	意向

7.《“反谷物法同盟”的工资理论》(《反谷物法同盟的工资理论》)

吴译本	全集版
责难	指责
辩论机关	争论……场所
公开的政党	官方政党
取消	废除
公开学说	正式理论
税捐	关税
进口货	输入
产业劳动人民	工业劳动人口
高涨	提高

续表

吴译本	全集版
公开代表们	正式代表们
商业震动	营业骤衰
愚昧干预	愚蠢的干涉
煽动家	鼓动家
聪明	才智
笃信	相信
实际主义的商人	务实的实业家
商务	做生意
推究	追究
意向	宗旨
公开学说 / 公开的理论 / 官样的理论	正式理论
志向	宗旨
引证	援引
瓜特	夸特
持券入场	凭票入场
宪章主义者的妨碍	宪章派的捣乱
变动着的价格	上下波动的价格
摆脱了……联系	排除了……联系

8.《工人的政党》（《工人政党》）

吴译本	全集版
远避	远远躲开
工人机关报	工人组织
急进派	激进派
各色意见	各式各样的意见
卑鄙龌龊	臭名昭著
老的政党已临末日	老的政党注定要灭亡
打破	推翻
万能药	万应灵丹
贮留	担负

续表

吴译本	全集版
投票选举	秘密投票
无财产限制	取消财产资格限制
选举区平等	平等的选区
委诸	交给
卫护	维护
选举费由公款支付	由国库负担选举费用
国会	议会
真正民主主义的政党	真正民主的政党
派别	宗派
更确实些	更符合实际情况

9.《俾斯麦与德国工人的政党》（《俾斯麦和德国工人党》）

吴译本	全集版
中等阶级	资产阶级
属员	爪牙
残暴罪行	残暴行为
隐蔽这些事实	隐瞒真相
缄默	沉默
大联合	大同盟
封禁	查封
社团	团体
破坏	解散
宣布为非常状态	宣布戒严
会议	集会
在爱尔兰所从未冒昧尝试的事	在爱尔兰从来不敢做的事情
长期的悲惨经历	长期的磨难
褫夺	剥夺
为所欲为	任意处置
推事	行政官
擢升	升官晋级

续表

吴译本	全集版
反抗政府	诬蔑政府
三对一	三比一
政府驱逐了他的整个委员会	政府驱逐了他的整个竞选委员会
维护自身存在	保卫自己权利
主义	理论

10.《棉花和铁》

吴译本	全集版
棉铁工业	棉织品和铁制品生产
棉业和铁业（或铁工业）	棉纺织业和制铁业
工人的境况	工人的状况
平均十年复现一次	平均每十年重复一次
反复	循环往复
贸易	营业状况
呆滞状态	疲软无力
机器装备	机器设备
生产	产量
增加	增长
厂主们	企业主
感受苦痛	忍受痛苦
工业军队	工业大军
工人队长	工业司令官
积货过多	生产过剩
节制生产	调节生产
减低	压低
标准	水平
天然领导者	天然领袖
制造家	工厂主
假冒的工人队长们	自命的工业司令官
市场的吸收力	市场的吸收能力

续表

吴译本	全集版
稍微繁荣时期	中等繁荣时期
各主要国家	各先进国家
蒸汽力	蒸汽动力
进展的速率	发展速度
出产额	产量
机关车	火车机车
引擎	发动机
人工的	人为的
保护税制	保护关税政策
最放任的自由贸易制	最自由的自由贸易制度
法规	法令
掌理	管理

11.《社会上的阶级——必需的和多余的》（《必要的和多余的社会阶级》）

吴译本	全集版
必须 / 必需	必要
历史时代	历史时期
封建贵族 / 地主贵族	土地贵族
资本主义中等阶级	资本家中等阶级
布尔乔亚	资产阶级
打破它的政权	摧毁他们的政权
支配	统治
没有奴役的束缚（对“自由工人”的解释）	所谓自由，是摆脱了奴隶地位的自由
意向	倾向
大产业	大房地产
政治作用	政治活动
开明自由阶级	开明自由主义阶级
取消	废除

续表

吴译本	全集版
税捐	捐税
引导	领导
功能	职能
经营者和扩张者	管理者和扩大者
航海汽船	远洋轮船
合股公司	股份公司
经营	管理
佣工	雇员
佣仆	职员
干涉	干预
循例行事	虚应故事
公司主人们	企业所有者
大企业资本的主人们	大企业的所有者资本家
红利券	息票
资本家的社会任务	资本家的社会职能
酬劳——红利	报酬
履行	执行
退休	引退
节约	俭省
生存	存在
货栈	堆栈
煤井	煤矿
创立	开公司
作废	取代
巨大组织	大企业
主人	企业主
主人的监督	企业主的眼光
生产组织	生产体系
扩张生产	扩大生产
充溢	充斥
抵制	抵御

续表

吴译本	全集版
干与	干预

在吴译本中，还存在着术语混用的情况。例如，“机器”有时被译为“机械”，有时又被译为“机器”；“工业”和“工业部门”混用；“工业”和“制造业”混用；在吴译本中，“工人”和“劳动者”是同义语，经常混用；“压力”和“压迫”混用；“工资”和“报酬”“薪金”经常混用；“劳动时间”和“工作时间”经常混用；“劳动”和“劳动力”混用；“英国”“英格兰”“大不列颠”“联合王国”这几个术语经常混用。

在吴译本中，还存在着有的术语表述前后不一致的情况，例如，工人生产的“劳动产品”有时被翻译为“劳动生产物”“劳动生产品”或“劳动产物”（第13页），有时被译为“货品”（第55页）。把“职能”有时译为“任务”，有时译为“工作”（第53页）。将“生产过程”译为“生产”，把“生产能力”译为“生产力”。由于这种术语前后表述的不一致，导致译本中的术语不统一，对于读者理解恩格斯原文带来了一定的干扰。

（三）第三类——表达不一致且含义差异较大的术语

在吴译本中有一些术语与现行通用术语的表达不一致，并且含义差异也比较大。造成这种情况的原因，既有主观方面的原因也有客观方面的原因。从主观方面来说，由于吴文焘是北京大学外文系毕业的，他所学的专业是外语，对于恩格斯文章中的一些专业术语不够了解，对于恩格斯文章中论述的一些观点存在着理解和认识上的不足，造成译文不够准确。从客观方面来说，由于当时翻译条件很有限，可供参考的文献资料不足，造成在译文中出现术语表述和使用不规范以及观点表述不够准确的问题。以下将作具体分析。

1.《“作公平的工作、得公平的工资”》（《做一天公平的工作，得一天公平的工资》）

（1）在吴译本中，“工资额”被译为“工资律”；“自由市场”被译为“公开市场”；“营业”被译为“商业交易”。

（2）在谈到“一天公平的工资”是指什么时，英文原文是：“A fair day’s wages, under normal conditions, is the sum required to procure to the labourer the means of existence necessary, according to the standard of life of his station and country’to keep himself in working order and to propagate his race.”[①] 吴译本的译文是：“公平的工资，在正常情况下，是使工人按照他的所在地和国家的生活程度，获得必要的生活资料，以便继续工作及传种的金钱数额。”（第9页）《全集》的译文是：“一天公平的工资，在正常情况下，就是保证劳动者按照他所处地位和所在国家的生活标准获得必要的生活资料，以保持他的工作能力和繁衍其后代所需要的金额。”[②]

这里，工人“所处地位”和工人“所在地”所表达的意思是完全不同的。结合英文原文，可以看出吴译本的翻译表述不够准确。

---

①Engels：A Fair Day’s Wages for a Fair Day’s Work，The Labour Standard，May 7，1881.

②《马克思恩格斯全集》第二十五卷，人民出版社 2001 年版，第 489 页。

（3）随着机器的广泛使用，越来越多的工人受到排挤。在《全集》中文第一版第十九卷中，“工人”一词被译为“帮手”；在《全集》中文第二版第二十五卷中，“工人”一词被译为“人手”，编者作了注释：英文原文是“hands”，直译是“手”，这里指劳动力、工人。[①] 而在吴译本中，将“工人”一词翻译为“手工”。

（4）在论述到“如果营业不好，他们就会挨饿、行乞、偷盗或者进习艺所”[②] 时，在这里，“习艺所”是一个专门机构，是依据 1834 年英国通过的新的济贫法而设置的“救济”贫民的机构。法案规定，对有劳动能力的人及其家属所提供的唯一救济，就是让他们在习艺所里从事强制性的劳动。习艺所里生产条件恶劣，劳动强度大，那里实行的制度与强迫囚徒从事苦役的牢狱制度不相上下，因此，有“穷人的巴士底狱”之称。而在吴译本中，将“习艺所”翻译为“贫民院”或者“贫民养育院”。

（5）在吴译本中，“资本家”和“劳动者”被译为“资本”和“劳动”。众所周知，“资本家”和“劳动者”指某一特定人群。而“资本”和“劳动”则有其特定的含义，不特指某一人群，货币、机器厂房等生产资料、商品是“资本”的物质形式；劳动是人类运动的一种特殊形式，在商品生产体系中，劳动是劳动力的支出和使用。因此，这一译法显然不够准确。

（6）关于工人的工资，在《全集》中译文是：“按照我们通常所

---

①《马克思恩格斯全集》第二十五卷，人民出版社 2001 年版，第 490 页。

②《马克思恩格斯全集》第二十五卷，人民出版社 2001 年版，第 490 页。

说的公平，劳动者的工资应该相当于他的劳动产品。”[①] 但是在“吴译本”中被译为：“按照我们所说的通常的公平，劳动者的工资，应该包括在他的劳动生产品中。”（第10页）“相当于”和“包括在……中”所表达的含义是完全不同的。

（7）在《全集》中，原料、工厂、机器这些被称为“劳动资料”或“生产资料”，而在吴译本则被译为“劳动工具”或“生产手段”。这种表述显然不够准确，无论是从内涵还是外延来说，“劳动资料”或“生产资料”都要比“劳动工具”或“生产手段”的涵盖范围要广得多。

（8）《全集》中“劳动资料——原料、工厂、机器——归工人自己所有”，在吴译本中被译为：“劳动工具——原料、工厂、机械——由劳动者自己掌握。”“掌握”和“所有”所表达的含义是完全不同的。

（9）对于吴译本中“劳动的工资”这一表述，在《全集》中文第一版和第二版中，分别是“劳动工资”和“劳动者的工资”。

在恩格斯《做一天公平的工作，得一天公平的工资》这篇社论中，有一段英文原文是这样的：

> So that the wages of Labour are paid out of labour, and the working man is paid out of his own produce. According to what we may call common fairness, the wages of the labourer ought to

① 《马克思恩格斯全集》第二十五卷，人民出版社 2001 年版，第 490 页。

consist in the produce of his labour. [①]

在这段话中，“the wages of Labour”和“the wages of the labourer”是不同的。在吴译本中，“the wages of Labour”和“the wages of the labourer”这两个术语分别被译为“劳动的工资”和“劳动者的工资”。在《全集》中文第一版中，分别被译为“劳动工资”和“工人的工资”。在《全集》中文第二版中，对于这两个术语没有进行区分，都译为“劳动者的工资”。

由此可以看出，对于“the wages of Labour”的翻译区别很大，“劳动的工资”“劳动工资”“劳动者的工资”这三种不同译法，前两个译法含义是相同的，是指通过劳动这种方式获得的工资，第三种表述的含义与之不同，是指获得工资的是劳动者。

2.《工资制度》(《雇佣劳动制度》)

(1)在吴译本中，“雇佣”有时被译为“工资”，“雇佣劳动制度”则被译为“工资制度”，“雇佣奴隶”被译为“工资奴隶”。

雇佣劳动制度是资本家迫使无产者把劳动力作为商品出卖并从中榨取剩余价值的劳动制度。劳动力成为商品是雇佣劳动制度的主要特征。无产者由于失去了所有生产资料，为了生存，只能出卖自己的劳动力。雇佣劳动制度是一种特殊的剥削形式，它掩盖着资本家对工人剥削的实质，即表面上资本家和工人是平等的买卖关系，实际上资本家付给工人的工资只相当于劳动力的价值，工人创造的超出劳动力价值的那部分价

①Engels：A Fair Day’s Wages for a Fair Day’s Work，The Labour Standard，May 7，1881.

值即剩余价值，被资本家无偿占有。马克思发现的剩余价值，揭示出资本主义剥削的秘密。阐明在这一制度下，工人创造的价值越多，自己的价值就越低；创造的财富越多，自己就相对越贫穷。雇佣劳动是资本主义生产方式赖以存在的基础，“没有雇佣劳动，就没有资本，就没有资产阶级，就没有资产阶级社会”。[①] 在吴译本中，将“雇佣劳动制度”这一重要制度译为“工资制度”显然是不恰当的。

（2）“大法官法庭”被译为“最高法院”，这两个表述还是有区别的。在英国“大法官法庭”有其具体的含义，特指衡平法院。衡平法是英国法律传统中与普通法相对而言的一种法律。英文原文是“equity”，“公平”的意思。过去在英国，涉诉臣民如得不到普通法院的公平审理，最后可向国王提出申诉，由王室顾问、大法官根据“公平原则”加以处理。15 世纪前后逐渐形成所谓衡平法，并建立了衡平法院，亦称大法官法庭。1873—1875 年，英国实行了司法制度的改革，大法官法庭与高等法院合并，依据衡平法审理案件。案件所涉及的内容主要是继承权、契约义务、股份公司等方面带有专门性的问题。所以，“大法官法庭”还不是一般意义上的“最高法院”。

（3）在吴译本中，“生产资料”被译为“生产手段”，认为工人就是一个被剥夺了一切生产手段占有权的人。事实上，工人是被剥夺了一切生产资料的所有权的人。“生产资料”是一个非常重要的术语，显然吴译本没有准确地理解这个术语。

（4）在吴译本中，“阶层”被译为“等类”。“等类”有“同辈、

①《马克思恩格斯文集》第二卷，人民出版社 2009 年版，第 88 页。

同类”的意思，在这里这种译法不能表达出“阶层”的含义，读者很难理解。“产品”被译为“产物”。“产物”有两种含义，有“生产物品、产生事物”之意，还有“在某种条件下产生的事物或结果”之意。现在更多时候取第二种含义，吴译本译为“产物”，没有把产品——马克思主义政治经济学中这个核心术语翻译出来。

3.《职工会》（一）［《工联》（一）］

吴译本中，有一句译文：“从那时起，劳动者在英国形成了一种力量。以前那种无告的，本身分裂的群众，现在再不是那样了。”（第 17 页）在这里“无告的”这个词读者无法理解其含义是什么。

《全集》中的译文是这样的：“从那时起，工人在英国成了一支力量。他们已经不是从前的彼此隔绝的孤立无援的群众了。”[①] 这样翻译便于读者理解这句话的意思。

4.《职工会》（二）［《工联》（二）］

（1）吴译本中，资本家被译为“是一切用以雇用劳动的手段的所有者”，没有说出资本家这个阶级的本质所在；在《全集》中，资本家是“拥有全部生产资料”的阶级。

（2）关于建立工人阶级政党的重要意义，吴译本的译文是：

> 为了工人在国会里有充分的代表，以及为了准备废除工资制度，组织将成为必需的；这种组织不是个别行业的，而是工人阶级全体的。这种组织形成得愈快愈好。世界上没有一种力

---

① 《马克思恩格斯全集》第二十五卷，人民出版社 2001 年版，第 497 页。

量能对那组织成为一个整体的英国工人阶级作一天的抵抗。（第23页）

《全集》中的译文是：

为了工人在议会里有充分的代表权，为了准备废除雇佣劳动制度，必须要有组织，但不是个别行业的组织，而是整个工人阶级的组织。这件事做得越快越好。世界上没有任何力量能够对组织成一个整体的英国工人阶级进行哪怕一天的抵抗。[①]

“代表”和“代表权”是完全不同的概念，表达的是不同的含义。

5.《对法国的通商条约》

在吴译本中，把“廉价列车”译为“减价列车”，这两个术语所表达的含义是不相同的。将“美洲”译为“美国”，这是两个不同的地理概念，美国不等于美洲，美国只是美洲的一部分。谈到在印度对棉纺织品抽5%的关税的目的时，《全集》强调是为了“鼓励本地工业”，在吴译本中，则被译为“作为对当地制造家的激励”，在这里，“本地工业”和“当地制造家”，前者指的是抽象的产业部门，而后者指的是一个群体，这两者所表达的含义是不同的。在吴译本中，“大西洋彼岸”被译为“大西洋沿岸”，这两个表述所指的地区也是不完全相同的，前者所指的地

① 《马克思恩格斯全集》第二十五卷，人民出版社2001年版，第501页。

域范围比后者要小一些。《全集》中的“主要行业”，在吴译本中被译为“主要商业”，在今天，“行业”和“商业”所涵盖的范围是不同的，二者所表达的意思也完全不一样。

6.《美国的食物与土地问题》（《美国的食品和土地问题》）

（1）在吴译本中，“旧有的土地”被译为“旧土壤”。“土壤”是指地球表面的一层疏松的物质，而“土地”是指地球表面上由土壤、岩石、气候、水文、地貌、植被等组成的自然综合体，它包括人类过去和现在的活动结果。由此可见，“土地”所涵盖的范围比“土壤”大得多。《全集》中提到，美国西部大草原的处女地因为是极好的土地，“可以连收二三十茬小麦而不用施肥”[①]，而在吴译本中被译为“连续收获二十至三十次小麦也不需施肥”（第30页），“茬”在这里是指农作物在同一块土地上种植或收割的次数，是农业生产中的一个专有词语，比译为“次”更准确。《全集》中的“美国西部”，在吴译本中被译为“美国密士西比河以西”。这显然是两个不同的地理范围，“美国西部”的范围要比“美国密士西比河以西”的范围大得多。

（2）在《全集》中提到的“地力未耗尽的土地”[②]，在吴译本中被译为“未经垦殖的土地”。“地力未耗尽的土地”指的是还能够种植农作物，具有生产能力的土地，但是“未经垦殖的土地”则指尚未开垦过，并且从未种植过农作物的土地，二者所表达的含义是不相同的。《全集》中所提到的“大农业与廉价生产这种制度”，在吴译本中“这

① 《马克思恩格斯全集》第二十五卷，人民出版社2001年版，第512页。

② 《马克思恩格斯全集》第二十五卷，人民出版社2001年版，第514页。

种制度”被译为“这种事业”，显然，“制度”和“事业”二者所表达的含义是完全不同的。

7.《“反谷物法同盟”的工资理论》（《反谷物法同盟的工资理论》）

在这篇文章中，有一处译文翻译得不够准确：

> 或者诺布尔先生要问：在今天面包价廉时，工资是否一般地与一八四七年以前面包征课重税时同样高，或者甚至更高呢？（第38页）

在《全集》中译文是：

> 也许诺布尔先生要问，在今天面包贱的时候，工资难道不是普遍地像1847年以前面包因谷物税而贵的时候一样高，或者甚至更高吗？①

在这里要表达的不是对面包征税，而是因为谷物税提高导致面包的价格提高。所以吴译本的翻译不够准确。

8.《工人的政党》（《工人政党》）

（1）吴译本中有一处译文为：

> 一个工人机关报，就其实际的政党意义说来，必须既不是

① 《马克思恩格斯全集》第二十五卷，人民出版社2001年版，第518页。

民党也不是王党，既不是保守党也不是自由党甚至急进党。保守党人、自由党人、急进党人，他们都只代表统治阶级的利益，代表在地主、资本家和零售商人中占优势的各色意见。（第39页）

《全集》中译文为：

一个工人组织，既不能有辉格党性质，也不能有托利党性质；既不能有保守党性质，也不能有自由党性质，甚至也不能有真正政党意义上的激进派性质。保守党人、自由党人、激进派，都只代表统治阶级的利益，代表在地主、资本家和零售商中占优势的各式各样的意见。[①]

在这里，吴译本把“辉格党”译为“民党”，把“托利党”译为“王党”，把“激进派”译为“急进党”。这种表述和现行通用表述差异很大，会给读者理解造成困扰。

（2）吴译本中还有一处译文：

但它对于政治利益，几乎完全委诸王党员、民党员和急进党员这些上层阶级人们的手里。（第39页）

① 《马克思恩格斯全集》第二十五卷，人民出版社2001年版，第520页。

而在《全集》中的译文是：

> 但是，他们的政治利益，却几乎完全交给了托利党人、辉格党人和激进派这些上层阶级的人物。[①]

吴译本中，“委诸”这种译法有点晦涩难懂，相反，《全集》中“交给”的译法就显得简单明了了。

（3）吴译本在这篇文章中，还将“户主选举法”译为“按户选举制”。户主选举法是有特定含义的一个术语，是指1867年英国保守党人在人民群众的压力下实行的选举改革，国际总委员会积极参加了选举改革运动，同年8月议会通过了新选举法。根据这项新的法律，降低了选民的财产资格限制。在农村选区，租佃者的财产资格限制降低到每年缴纳12英镑以上的租金，而在城市里，所有的房主和房屋租赁者，以及在当地居住满一年并缴纳房租10英镑以上的住户，都有选举权。1867年改革的结果，选举权仅仅扩大到小资产阶级和工人阶级上层，工人阶级的基本群众仍然处于政治上无权的地位。尽管如此，英国的选民人数还是增加了一倍多，相当一部分熟练工人也取得了选举权。

9.《俾斯麦与德国工人的政党》（《俾斯麦和德国工人党》）

（1）吴译本将“高等人”译为“在上者”，并做了注释：按指资本家而言。吴译本将“高压措施”译为“压制行动”或者“强制法案”。在这里，高压措施具体有所指，英国议会在19世纪曾经数次通过了镇

①《马克思恩格斯全集》第二十五卷，人民出版社2001年版，第520页。

压爱尔兰革命运动和民族解放运动的高压法。1881 年 3 月，下院又通过了两个关于在爱尔兰实行高压法的法案。根据这些法律，在爱尔兰境内实行了戒严，禁止自由集会并设立了军事法庭。

（2）吴译本在这篇文章中提到："后来俾斯麦通过了一个法令，认社会民主主义为违法。"（第 44 页）在《全集》中的译文为："随后，俾斯麦通过了一项法令，宣布社会民主党为非法。"[①] 在现代汉语中，"非法"和"违法"的含义是不一样的。"非法"是一个形容词，意思是不合法的，"违法"是一个动词，意思是违反法律或法令。在《全集》中，有一句译文是："在每个'被宣布戒严'的地区，警察受权把他们'有理由怀疑'进行社会主义宣传的任何人驱逐出境。"但在吴译本中，这句话被译为："在每个'宣布为非常状态'的地区，警察有权将他所'公道地怀疑'为进行社会主义宣传的人，驱逐出境。""受权"的意思是"接受委托行使做某事的权力"，是被动地拥有某种权力，而"有权"是指本身拥有某种可以行使的权力，这两个词所表达的含义有明显的区别。

（3）吴译本在这篇文章中还写道："警察经常得到腐败或狂妄的推事和审判官们帮助并教唆他们；擢升就是这样得来的！"（第 45 页）《全集》则译为："警察经常可以找到够腐败或够疯狂的行政官和审判官来给他们当助手、做帮凶。升官晋级就是以这种代价得来的！"[②] "推事"指清末大理院、北洋政府和国民党政府各级法院的审判人员。旧时

① 《马克思恩格斯全集》第二十五卷，人民出版社 2001 年版，第 525 页。

② 《马克思恩格斯全集》第二十五卷，人民出版社 2001 年版，第 526 页。

通称“法官”或“审判官”，和“行政官”的含义是不同的。

10.《棉花和铁》

（1）在吴译本中将“哪个国家”译为“那个国家”，哪个国家是不确定、疑问的语气，不确定是什么国家，而“那个”是确定的含义，具体指某一个国家。“工人的生活一定非常好”被译为“工人的生活该是特别裕如的”。“商品的贸易”译为“物品上的贸易”，显然，这两个术语的差别是非常大的。“自由贸易”译为“自由贸易运动”，这两个术语表达的含义也是完全不同的。在《全集》中，“千年王国”有特定含义，是基督教用语，指世界末日到来之前，基督将再次降临，在人间为王统治一千年，届时魔鬼将暂时被捆锁，福音将传遍世界。此语常被用来象征理想中的公正平等，富裕繁荣的太平盛世。[①]而在吴译本则被译为“千年繁荣”，与《全集》的译文有明显的区别。《全集》中的“一定是实现了”，在吴译本中被译为“该当实现了”，“该当”是指命运注定如此，而“一定”指必然、确实无疑，这两个词的含义是有区别的。对于1马力的解释，《全集》中的表述为“1马力等于在1秒钟内将75公斤重量提到1米高所需的力”，而吴译本中则译为“一个马力等于一秒钟提一公斤至一米高所需的力量”，吴译本中的表述不够准确。

（2）在吴译本中，有这样一段话：

这更清楚地表示英国在蒸汽制造业上的垄断如何地余存无

---

①《马克思恩格斯全集》第二十五卷，人民出版社2001年版，第704页。

几，自由贸易对保持英国工业的优越是怎样绝少成就。（第50页）

《全集》对此则译为：

这个表更清楚地说明，英国在使用蒸汽的工业方面还保留着的垄断是多么微不足道，自由贸易对于保持英国工业的优势是多么不顶用。[①]

吴译本对这句话的翻译语言晦涩、难以理解。

二、观点疏正

关于工人的工资是从何而来的这个问题，几个版本比较如下：

【吴译本】

可是我们请问：资本家从什么资金中支付这些公平的工资呢？当然是从资本中支付的。但资本并不产生价值。除土地外，劳动是财富的唯一来源；资本本身只是储集下的劳动生产物。所以劳动的工资是从劳动中支付，工人被付给的是他自己的生产物。按照我们所说的通常的公平，劳动者的工资，应该包括

①《马克思恩格斯全集》第二十五卷，人民出版社2001年版，第533页。

在他的劳动生产品中。（第10页）

【全集第一版】

但是我们要问，资本用来支付这笔极其公平的工资的钱，究竟是从哪儿来的呢？当然是从资本中来的。但是资本并不产生价值。除土地以外，劳动是财富的唯一来源，资本本身不过是积累起来的劳动产品而已。所以劳动工资是由劳动支付的，工人的报酬是从他自己的产品中支取的。按照我们通常所说的公平，工人的工资应该相当于他的劳动产品。①

【全集第二版】

然而我们要问，资本家用来支付这笔极其公平的工资的钱，究竟是从哪儿来的呢？当然是从资本中来的。但是资本并不产生价值。除土地以外，劳动是财富的惟一来源，资本本身不过是积累起来的劳动产品而已。所以劳动者的工资是由劳动支付的，工人的报酬是从他自己的产品中支付的。按照我们通常所说的公平，劳动者的工资应该相当于他的劳动产品。②

在吴译本中，译为“劳动者的工资，应该包括在他的劳动生产品中”；而无论是在《全集》中文第一版还是中文第二版中，都译为：

① 《马克思恩格斯全集》第十九卷，人民出版社1963年版，第275页。

② 《马克思恩格斯全集》第二十五卷，人民出版社2001年版，第490页。

劳动者的“工资应该相当于他的劳动产品”，很显然，这两种译法的意思是不相同的。吴译本的意思是：劳动者的工资只是他的劳动生产品的一部分；而《全集》的意思是：劳动者的工资就等于是他的劳动产品。吴译本的表述表明：劳动者的工资与他的劳动生产品之间是被包含与包含的关系；但在《全集》中，劳动者的工资与他的劳动生产品之间是同一关系。

在吴译本中，对于资本是怎么来的表述为“资本本身只是储集下的劳动生产物”，这让读者很难理解，不像现行的表述——“资本本身不过是积累起来的劳动产品”这样让读者一目了然并且很容易理解。

在吴译本中，没有认识到工人阶级成为生产资料所有者的重要性，关于这个问题的译文是：

【吴译本】

除非工人阶级成为一切劳动工具——土地、原料品、机器等——的所有者，因而也就成了它自己劳动的全部产物的所有者，它是得不到真正的补偿的。（第 14 页）

【全集版】

工人阶级除非成为一切劳动资料——土地、原料、机器等的所有者，从而也成为他们自己劳动的全部产品的所有者，否则就得不到真正的解放。[①]

①《马克思恩格斯全集》第二十五卷，人民出版社 2001 年版，第 494 页。

生产关系概念是马克思、恩格斯提出的标志历史唯物主义形式的基本概念。生产关系是指人们在物质资料的生产过程中形成的社会关系，是生产方式的社会形式，包括生产资料所有制的形式，人们在生产中的地位和相互关系，产品分配的形式等。其中，生产资料所有制的形式是最基本的、起决定作用的。吴译本中“得不到真正的补偿”这种表述不能表明生产资料归谁所有在生产关系中是起决定作用的。而《全集》中“得不到真正的解放”则表明：工人阶级只有成为生产资料的所有者，才能获得经济上、政治上的解放。

在《全集》的《美国的食品和土地问题》一文中“十年一次的工业骤衰，每两次中至少有一次肇始于美国”①，而在吴译本中，这句话被译为“至少，在美国每爆发两次十年一遭的工业震动，在英国便有一次”（第30页）。由译文可以看出，在吴译本中，每两次工业骤衰至少有一次肇始于美国这个含义并没有被表达出来。

在吴译本中关于人民宪章的内容，译文是：“在人民宪章的六条中，有两条——投票选举和无财产限制——现在成了本国的法律。”（第41页）而在《全集》中则被译为：“在人民宪章的六点中，有两点，即秘密投票和取消财产资格限制，现在已经成为国家的法律了。”②

《人民宪章》是19世纪上半叶英国爆发的以争取普选权为中心的无产阶级政治运动的纲领性文件。1836年，英国伦敦工人协会成立后，于1837年拟定致国会的请愿书作为自己斗争的纲领。1838年5月8日

① 《马克思恩格斯全集》第二十五卷，人民出版社2001年版，第512页。

② 《马克思恩格斯全集》第二十五卷，人民出版社2001年版，第522页。

公布《人民宪章》。《人民宪章》包括了宪章派的下列六项要求：1. 凡年满 21 岁、身体健康而未被处过徒刑的男子，都有选举权；2. 无记名秘密投票，以保障选民充分行使其投票权；3. 议会议员不应有财产资格或其他任何限制，各选区选举他们所爱戴的人，不论贫富；4. 议员应领取薪金，以使诚实的商人、工人和其他人能离职充当选区的代表，为国家利益服务；5. 按照各地区选民的人数平均分配选举区，把全国划分为人口大致相等的 300 个选区，每个选区选出 1 名下议院的议员；6. 议会每年改选一次，防止贿赂、恫吓以及议员违抗、出卖选举人等事件的发生。显然，吴译本中仅仅译为“投票选举”是不全面的。

恩格斯认为未来工人阶级政党成立后能够发挥的作用，是不可小觑的。译文如下：

【吴译本】

所以，宪章运动的瓦解，结果充分实现了宪章运动纲领的一半。如果仅只一个过去的工人阶级政治组织底遗泽还能够实现这些政治改革，以外，还实现了许多社会改革，那末，工人阶级政党的实际出现，加上国会中四五十个代表的支撑，将会作出怎样的事来呢？（第 42 页）

【全集版】

所以，宪章运动瓦解的结果却足足实现了宪章派纲领的一半。如果说，仅仅对于工人阶级过去的一个政治组织的回忆，就能导致这样一些政治改革，而且除此以外还导致了一系列社会改革，那么，一旦真的有了一个以四五十个议会代表为后盾的工人政党，结果又将如何呢？[①]

【恩格斯的英文原文】

And if the mere recollection of a past political organisation of the working class could effect these political reforms, and a series of social reforms besides, what will the actual presence of a working men' s political party do, backed by forty or fifty representatives in Parliament？[②]

在吴译本中，将"recollection"译为"遗泽"，"遗泽"的意思是"留下的德泽"或者"遗墨、遗物"，这一译法显然不够准确。

【吴译本】

厂主们能够漠然视之，至少能够在一个相当长的时间内如此，但是工人则只有感受苦痛，因为对于他们，那是一种慢性的灾害，一种经常可能入贫民院的境况。（第48页）

【全集版】

企业主还可以等着瞧，他们等得起，至少可以等上一个相

①《马克思恩格斯全集》第二十五卷，人民出版社2001年版，第522—523页。

②Engels：A Working Men' s Party，The Labour Standard No.12，July 23，1881.

> 当长的时期，而工人却只有忍受痛苦，因为对他们来说，这意味着长期贫困，随时有进习艺所的可能。[①]

面对生产过剩和营业萧条，对于企业主来说还可以等待一段时间，等着生产恢复；但对于工人来说意味着生活困苦，陷入长期贫困。吴译本中没有认识到这一点，仅把其称为“一种慢性的灾害”，显然没有表达出这一状况对于工人造成影响的程度。

三、译文校释

校释，一般包括校标点、行款、分段、文字错误、内容差异、错字、脱字、脱词、脱漏、遗漏、删节等。这里对恩格斯为《劳动旗帜报》撰写的社论进行校释。

在《对法国的通商条约》一文中，《全集》认为所有国家“由贸易和互惠的亲密纽带联结起来”之后，“和平与丰裕的时代将永远存在”；而在吴译本中，则被译为各国“由通商与互惠的亲密纽结联系在一起”之后，“和平与繁荣的统治便会永久建立起来”，这两种表述所表达的意思有较大的区别。《全集》中的“一小时行驶50英里”，在吴译本中被译为“一点钟行五十哩”，在今天，“一点钟”特指一个具体的时间，和“一小时”是完全不同的意思。

吴译本将“农场主”译为“农民”，“欧洲农场主”译为“欧洲农民”，

① 《马克思恩格斯全集》第二十五卷，人民出版社2001年版，第531页。

这是两个完全不同的阶级，他们有着各自的阶级利益。将“日复一日、年复一年地重复这种理论”译为“日复一日、年复一年地背诵这个理论”，显然，“背诵”和“重复”的含义大相径庭。

在吴译本中，还存在着一些失误和错译之处。

在《美国的食品和土地问题》一文中，《全集》提到“美国还应该推翻英国农业中由来已久的关系”[①]，而在吴译本中，这句话被译为“美国还要推动英国农业中那古老的关系”（第 30 页），“推翻”是指用武力打垮原来的政权或社会制度，使局面彻底改变，而“推动”则指“使事物前进”“使工作展开”，这两种翻译所表达的意思是完全不同的。在吴译本中，将“美国西部”译为“西方”，这是两个完全不同的地理概念，“美国西部”特指一个具体的地区，在今天，“西方”特指位于西半球、北半球及南半球的某些国家，即欧盟国家、北美、澳大利亚和新西兰。吴译本将“英亩”译为“公亩”，二者是两个完全不同的计量单位，1 英亩 = 40.470 公亩。

《全集》中谈到“结局将是而且一定是：我们只好实行土地国有，土地由合作社在全民监督下耕种”[②]，而在吴译本中，这句话被译为：“结局将要是而且必定是：迫使我们实行土地国有，由国家经合作社来进行耕植。”（第 32 页）

恩格斯的英文原文是：

---

①《马克思恩格斯全集》第二十五卷，人民出版社 2001 年版，第 512 页。

②《马克思恩格斯全集》第二十五卷，人民出版社 2001 年版，第 514 页。

> The upshot will and must be that it will force upon us the nationalisation of the land and its cultivation by co-operative societies under national control.①

对照英文原文，显然吴译本的译文不够准确。

《全集》中提到“不管美国或任何别国的谷物和肉类价格怎样”②，这句话在吴译本中被译为“不论美国的或任何他种的谷类和肉类价格怎样”（第32页），吴译本中只提到了美国一个国家，没有提到“任何别国”。

恩格斯的英文原文是：

> whatever the price of American or any other corn and meat may be.③

显然吴译本的译文中对于“any other”的理解和《全集》的翻译是不一样的。对照英文原文，会发现吴译本的翻译不够准确。

在吴译本《“反谷物法同盟”的工资理论》一文中有这样一段话：“所以考布登能在诺布尔先生所引证的那段话里，实际指陈从一八三〇年到一八四二年的商业萧条和工资低落”（第35页），在《全集》中，

①Engels：American Food and the Land Question，The Labour Standard No.9，July 2，1881.

②《马克思恩格斯全集》第二十五卷，人民出版社2001年版，第514页。

③Engels：American Food and the Land Question，The Labour Standard No.9，July 2，1881.

这个时间是1839年到1842年，吴译本的1830年有误。

吴译本在《工人的政党》一文中，把“一个工人组织”译为“一个工人机关报”，显然，这二者是完全不同的主体，前者指的是一个组织，后者指的是一份报纸。

恩格斯的英文原文是：

> A labour organ must be neither Whig nor Tory, neither Conservative nor Liberal, or even Radical, in the actual party sense of that word.①

对照原文，这里译为“一个工人组织”更合适。

在《全集》中，“我们生活在一个人人都得由自己来照管自己的世界里。……那么，何不努力干起来呢”②这部分不是一个独立的自然段，但在吴译本中，这段话是一个独立的自然段。

在《俾斯麦和德国工人党》一文中，《全集》中有一句话：“真的，政治关工人什么事？”在吴译本中，这句话被译为：“真的，工人能管什么政治呢？”对照英文原文：“What business, indeed, have working men with politics？”显然，吴译本的译文不够准确，没有很好地表达出原文的意思。

在吴译本《棉花和铁》一文中，有这样一段译文：

---

①Engels：A Working Men’s Party，The Labour Standard No.12，July 23，1881.

②《马克思恩格斯全集》第二十五卷，人民出版社2001年版，第523页。

我们知道在一八七四年左右那短短的几年繁荣之后，便是棉业和铁业的全部崩溃：工厂关闭了，熔炉止熄了，继续生产的地方也照例是短时期的支撑。（第47页）

《全集》中对这段话的翻译是：

我们知道，在1874年前后短暂的几年繁荣时期以后，棉纺织业和制铁业彻底崩溃了。工厂关闭，高炉停火，继续生产的，一般也都缩短了开工时间。①

恩格斯的英文原文是：

We know that after a few short years of prosperity about and after 1874 there was a complete collapse of the cotton and iron trades; factories were closed, furnaces blown out, and where production was continued short time was the rule. ②

显然，吴译本对“short time was the rule”的理解存在着偏差。

在吴译本中，将“不仅用机器制造产品而且还用机器制造机器的

①《马克思恩格斯全集》第二十五卷，人民出版社2001年版，第530页。

②Engels：Cotton and Iron，The Labour Standard No.13，July 30，1881.

制度”[1]译为“利用机器的方法（不仅用以制造工业品，而且用以制造机器本身）”（第48页），显然，“方法”和“制度”区别是非常大的。

在《棉花和铁》一文中，《全集》中谈到面对“慢性的生产过剩、慢性的营业萧条”的状况，“企业主还可以等着瞧，他们等得起，至少可以等上一个相当长的时期，而工人却只有忍受痛苦，因为对他们来说，这意味着长期贫困，随时有进习艺所的可能”[2]。而在吴译本中，则被译为：“厂主们能够漠然视之，至少能够在一个相当长的时间内如此，但是工人则只有感受苦痛，因为对于他们，那是一种慢性的灾害，一种经常可能入贫民院的境况。”（第48页）“长期贫困”与“慢性的灾害”是完全不同的含义。

在《棉花和铁》一文中，《全集》中“那就是压低他们的工人的工资”[3]这句话中的“压低他们的工人的工资”这几个字用黑体加粗以示强调；而在吴译本中，“减低他们的工人的工资”（第49页）这几个字加了着重号以示强调，两者强调的方式不同。

在《棉花和铁》一文中，将“美国”误译为“英国”。

【吴译本】

如果英国主要由于国内消费税那不合理的制度而被迫

---

①《马克思恩格斯全集》第二十五卷，人民出版社2001年版，第531页。

②《马克思恩格斯全集》第二十五卷，人民出版社2001年版，第531页。

③《马克思恩格斯全集》第二十五卷，人民出版社2001年版，第531页。

依靠一种宁可说是表面的保护税制，那末，取消这些国内“消费税”的法规，便足以使她在公开的市场上去竞争。（第50页）

【全集版】

如果说，美国主要由于荒谬的国内消费税制而被迫采取一种与其说是真正的、不如说是表面的保护关税政策，那么，只要废除这种消费税法令就足以让它能在自由市场上竞争了。[①]

在《必要的和多余的社会阶级》这篇文章中，也存在着误译之处：关于1831年英国的议会改革时间，在吴译本中出现了错误，错译为1821年。

在《必要的和多余的社会阶级》这篇文章中，有的译文表达很难理解：

【吴译本】

强制地关闭小赌馆，而在同时，我们的资本家社会却不能没有一个拼千百万输赢的大赌场作为它的中心，这是何等的伪善！（第53页）

①《马克思恩格斯全集》第二十五卷，人民出版社2001年版，第533页。

【全集版】

强行封闭小赌场，而在同时，我们的资本家社会却不能没有一个输赢以几百万、几百万计的巨大赌场作为它的真正中心，这是何等的虚伪啊！[①]

吴译本中的“拼”字很难理解，也不足以表达出这句话的真正意思。

在吴译本中，把“资本家的生产体系”译为“资本主义生产制造”，显然，这种译法没有看到资本家和工人被取代背后的制度原因，会影响读者对这句话的理解。吴译本有时还把“生产体系”译为“生产制度”。

【吴译本】

我们知道：正由于资本主义生产制度的发展，资本家便很像手摇纺纱工人那样地被作废了。（第 **54** 页）

【全集版】

由此可见，由于资本家的生产体系本身的发展，资本家也完全和手织机工人一样被取代了。[②]

①《马克思恩格斯全集》第二十五卷，人民出版社 2001 年版，第 536 页。

②《马克思恩格斯全集》第二十五卷，人民出版社 2001 年版，第 536 页。

在吴译本中，对于工人这个群体的认识有误，认为工人就是拿工资的雇员，没有对工人和拿工资的职员这两个群体进行区分，把这两者看作是一个群体。

【吴译本】

然而主人所不能作的事情，工人——公司中拿工资的雇员却能够作，并且作得很成功。（第 54 页）

【全集版】

但是企业主不能做的事情，工人、公司中领工资的职员却能做而且做得很成功。[①]

【恩格斯的英文原文】

But what the master cannot do the workman, the wages-paid servants of the Company, can do, and do it successfully.[②]

对照英文原文，可以看出，在这里，恩格斯讲的是工人和职员这两个不同的群体。

在《必要的和多余的社会阶级》这篇文章中，存在的误译还有：

①《马克思恩格斯全集》第二十五卷，人民出版社 2001 年版，第 537 页。

②Engels：Social Classes-Necessary and Superfluous，The Labour Standard No.14，August 6，1881.

【吴译本】

所以资本家再不能要求利润作为“监督的工资”了，因他为什么都不监督的。（第 54 页）

【全集版】

因此，资本家再也不能把他所要求取得的利润说成是“进行监督的工资”了，因为他什么也没有监督。①

结合上下文，对照原文和现行通用版本，可以看出吴译本中的译文有误，应该是“因为他”，而不是“因他为”。

对照《全集》，吴译本中存在着段落划分、标点符号使用的不同，这与该书的出版时间有关系，当时我国还没有颁布统一规范的汉语《标点符号用法》。1951 年 9 月，中央人民政府出版总署才发布了《标点符号用法》，同年 10 月 5 日，政务院下达指示，要求全国遵照该标准。后来，文字书写和书刊排印渐渐由竖排改为横排，标点符号用法也有了某些发展变化。在吴译本中，对于恩格斯撰写的文章的标题翻译得不够准确，需要根据现行通用版本进行校正。

---

①《马克思恩格斯全集》第二十五卷，人民出版社 2001 年版，第 537 页。

结语

吴文焘翻译的《英国工人运动》作为马列著作单行本曾先后三次出版（1940 年、1950 年和 1951 年），是较早在中国介绍英国工人运动的书籍。该译本通过介绍恩格斯发表在《劳动旗帜报》上的 11 篇社论，向中国读者介绍了 19 世纪 80 年代英国工人运动状况，雇佣劳动制度的影响，工联的作用及其未来的发展方向，法国、德国、美国等主要资本主义国家的工业发展状况和阶级斗争状况，建立工人阶级政党的必要性，资产阶级必将让位于工人阶级等一系列重要问题。

“理论在一个国家实现的程度，总是取决于理论满足这个国家的需要的程度。”① 中华人民共和国成立后，一方面迅速恢复和发展国民经济，另一方面完成民主革命的遗留任务，各项事业蓬勃开展。这一时期，马列著作在中国的出版也“犹如壮丽日出，开创了十分可喜的崭新局面”②。1940 年出版的《英国工人运动》吴译本中所阐释的许多理论问题，对中国共产党来说，有着重要的理论指导意义。例如，恩格斯在《雇佣劳动制度》一文中强调工人阶级必须成为一切生产资料和自己劳动的全部产品的所有者，才能获得真正意义上的解放，这为此后我国进行社会主义改造提供了理论依据。恩格斯在《工人政党》一文中指出只有具有鲜明工人阶级性质的政党才能真正代表工人阶级的利益，才能完成其所承担

① 《马克思恩格斯文集》第一卷，人民出版社 2009 年版，第 12 页。

② 王东等：《马列著作在中国出版简史》，福建人民出版社 2009 年版，第 95 页。

的历史使命，这一点已经被中国共产党领导的新民主主义革命和社会主义革命实践所证明。恩格斯在《美国的食品和土地问题》一文中指出，只有实现土地国有，农民和国家才能获得利益，这为此后我国对农业进行社会主义改造提供了理论依据和理论指导。

“没有革命的理论，就不会有革命的运动。”[①]马克思主义理论是一种系统化的知识体系，其本身比较深奥，对于当时的中国人来说，由于文化水平普遍比较低，要掌握深奥的马克思主义理论有一定难度，因此，在语言上必须用人民群众喜欢的中国语言来表达，要生动并富有感染力。如毛泽东所言，“人民的语汇是很丰富的，生动活泼的，表现实际生活的”[②]。因此必须致力于将马克思主义用通俗化的语言表达出来，以便为人民群众所掌握，进而构建起通俗化的马克思主义话语体系。《英国工人运动》吴译本力求用通俗化的语言，向中国人介绍恩格斯的思想。受当时马列著作的翻译、出版和传播出现高潮这一时代特点的影响，吴译本的语言表达基本上使用的是白话文，表达方式已经与今天的现代汉语表达没有太大差别，读者阅读该译本没有太大的困难，基本上能够读懂并理解其中的观点和内容。吴译本是从英语直接译成汉语，基本上忠实于原文，观点表述基本上是正确的；但由于采用直译的方法，在语言表达上与汉语的表达习惯不尽相同，有些语句读起来比较拗口，但不影响对译文文本的阅读和理解。同时，在吴译本中，部分内容采用了意译的方法，这样的译法使译文语言风格更符合中国人的语言习惯，便于中

①《列宁全集》第六卷，人民出版社 1986 年版，第 23 页。

②《毛泽东选集》第三卷，人民出版社 1991 年版，第 837 页。

国人阅读和理解该书的内容。

今天，我们重新考释《英国工人运动》吴译本，对于我们正确理解和认识中国共产党在中国革命、建设和改革中的领导地位问题具有重要的现实意义，对于坚持中国特色社会主义道路的发展具有重要的理论价值和指导意义。

参考文献

［1］马克思恩格斯文集：第1—10卷［M］. 北京：人民出版社，2009.

［2］马克思恩格斯全集：第10卷［M］. 北京：人民出版社，1962.

［3］马克思恩格斯全集：第12卷［M］. 北京：人民出版社，1962.

［4］马克思恩格斯全集：第18卷［M］. 北京：人民出版社，1964.

［5］马克思恩格斯全集：第19卷［M］. 北京：人民出版社，1963.

［6］马克思恩格斯全集：第29卷［M］. 北京：人民出版社，1972.

［7］马克思恩格斯全集：第34卷［M］. 北京：人民出版社，1972.

［8］马克思恩格斯全集：第35卷［M］. 北京：人民出版社，1971.

［9］马克思恩格斯全集：第25卷［M］. 北京：人民出版社，2001.

［10］马克思恩格斯选集：第3卷［M］. 北京：人民出版社，1995.

［11］列宁选集：第3卷［M］. 北京：人民出版社，2012.

［12］列宁全集：第6卷［M］. 北京：人民出版社，1986.

［13］毛泽东选集：第2卷［M］. 北京：人民出版社，1991.

［14］毛泽东选集：第3卷［M］. 北京：人民出版社，1991.

［15］毛泽东文集：第3卷［M］. 北京：人民出版社，1996.

［16］中共中央文件选集：第11册［M］. 北京：中共中央党校出

版社，1991.

［17］中共中央书记处．六大以来［M］．北京：人民出版社，1981.

［18］中共中央马克思恩格斯列宁斯大林著作编译局马恩室．马克思恩格斯著作在中国的传播［M］．北京：人民出版社，1983.

［19］王觉非．欧洲历史大辞典：上［M］．上海：上海辞书出版社，2007.

［20］逄先知．毛泽东年谱（1893—1949）：下卷［M］．北京：人民出版社，中央文献出版社，1995.

［21］冯同庆．马克思主义工会思想史［M］．北京：中国工人出版社，1993.

［22］刘潇然．马克思恩格斯论工会［M］．北京：工人出版社，1958.

［23］萧灼基．恩格斯传［M］．北京：中国社会科学出版社，2008.

［24］顾海良．马克思主义发展史［M］．北京：中国人民大学出版社，2009.

［25］徐素华．马克思恩格斯著作在中国的传播：MEGA^{2}视野下的文本、文献、语义学研究［M］．北京：中国社会科学出版社，2013.

［26］姜义华．社会主义学说在中国的初期传播［M］．上海：复旦大学出版社，1984.

［27］林代昭，潘国华．马克思主义在中国：从影响的传入到传播：上、下册［M］．北京：清华大学出版社，1983.

［28］张静庐．中国现代出版史料：丙编［M］．上海：中华书局，1956.

[29]王东，陈有进，贾向云.马列著作在中国出版简史[M].福州：福建人民出版社，2009.

[30]赵晓恩.延安出版的光辉：六十年出版风云散记续编[M].北京：中国书籍出版社，2002.

[31]王敬.延安《解放日报》史[M].北京：新华出版社，1998.

[32]许力以.中国出版百科全书[M].太原：书海出版社，1997.

[33][苏联]列·阿·列文.马克思恩格斯著作的发表和出版[M].周维，译.北京：生活·读书·新知三联书店，1976.

[34][英]莫尔顿，台德.英国工人运动史（1770—1920）[M].叶周，等，译.北京：生活·读书·新知三联书店，1962.

[35][德]王安娜.中国——我的第二故乡[M].北京：生活·读书·新知三联书店，1980.

[36][德]李博.汉语中的马克思主义术语的起源与作用[M].赵倩，等，译.北京：中国社会科学出版社，2003.

[37]关勋夏.十九世纪七十年代英国工人运动述论[J].暨南学报：哲学社会科学，1994.16（4）.

[38]万京华.新华社与抗战对外宣传[J].中国出版，2015（15）.

[39]万京华.吴文焘与新华社布拉格分社的创建[J].新闻与写作，2012（6）.

[40]卫广益.延安新华广播电台的诞生及初期贡献[J].中国记者，2011（1）.

[41] Engels. A Fair Day's Wages for a Fair Day's Work [N]. The Labour Standard, May 7, 1881.

[42] Engels. A Working Men's Party [N] . The Labour Standard, July 23, 1881.

[43] Engels. American Food and the Land Question [N] .The Labour Standard，July 2, 1881.

[44] Engels. Cotton and Iron [N] . The Labour Standard, July 30, 1881.

[45] Engels. Social Classes–Necessary and Superfluous [N] . The Labour Standard, August 6, 1881.

原版书影印

说　明

《马克思主义经典文献传播通考》各册均附有原版书影印资料，即马克思主义经典著作中文译本。本丛书所称“译本”是指：1. 我国单行出版的马克思、恩格斯、列宁等原著，包括著作、书信选译和专题文集；2. 报纸、杂志连载马克思、恩格斯、列宁等著作的完整译文。鉴于中华人民共和国成立前，马克思主义经典著作的译本数量众多，版次与印次繁杂，本丛书所附译本均作专门说明。

本册所附《英国工人运动》吴文焘译本为1940年中国工人社初版。

職運叢書 3

恩格斯著・吳文燾譯

英國工人運動

職運叢書第三集

英國工人運動

恩格斯著
吳文燾譯

中國工人社出版
1940

目　錄

英國工人運動

序　　言

弗列德·力克·恩格斯，從他一八四二年初次來到英國那天起，便把全身心獻給了英國偉大的工人運動。他是羅勃特·歐文的『新世道』報(The new moral world) 的撰稿人，以後又是『北方明星』(Northern star)和其他憲章派報紙的撰稿人；當時的工人領袖們認爲他和馬克思同樣不是『外國人』，而是一個領袖和同志，他的幫助是無限寶貴的。

從歐文的報紙到最初的英國社會民主黨機關報『正義』(Justice)與『共和』(The commonweal)，沒有一種重要的英國工人報紙不登載馬克思或恩格斯的文章，或轉載他們的講演的。

在一八七一年巴黎公社以後的那一時期裏，獨立的工人報紙在英國實際絕跡了，工人運動成了格萊斯頓的中等階級自由黨的尾巴。然而，隨着八十年代的到來，便可感到一種轉變，那最好的、最自覺的工人領袖們開始覺得：一個脫離一切資本家政黨而獨立的工人階級政黨，是絕對必要的。

倫敦職工聯合會(The london trades council)，是首先

響應這種感覺的有組織的團體之一，而『工人戰旗』報（創立於一八八一年），即其結果。它的編輯——喬治・希普頓（George shipton），是該會的書記，會中還有幾個曾經和第一國際有關係的戰鬥的職工運動者。恩格斯對這些戰士們始終沒有失掉聯絡和影響，希普頓請他給這個新的週報寫社論，乃是當然的事情。從一八八一年五月七日到八月六日，恩格斯寫了十篇論文，我們把它們重刊在這本書裏。

然而工人運動並未達到成熟：倫敦職工聯合會的領袖們本身，特別是希普頓，也還沒有擺脫自由主義的影響。

這裏面最後的一篇論文，曾使希普頓驚駭起來，他要求把文中兩段的語調改得和緩些。在回答中，恩格斯說如果這些在他看來是太強硬了，『那末，我的更有力的文章，當更顯得如此了。所以，如果我停止撰文，那對於我們都好些』。（一八八一年八月十一日恩格斯致馬克思信）於是他繼續告訴馬克思說：『我沒有把最重要的理由說給他，即：我的文章對於該報其他各欄不發生任何影響……。這個報依然是一切解事的與完全不解事的鑫夫的會集所，它的具體方針是傾向於格萊斯頓的。』

恩格斯這些文章所論述的時期，正值羣衆的社會主義政黨在歐美諸國興起着。貫串着這些文章的思想是——在英國需要一個作政治運動的工人黨，這個黨要爲無產階級專政而鬥爭。恩格斯用一種很通俗的體裁把這個思想介紹給英國工人。他由英國工人運動中久被遵守的口號——作公平的工作，得公平的工資——談起，指出在階級鬥爭的情況中，這種倫理評價的荒謬。在資本主義社會裏，『那種公平完全是站在一邊——站在資本那一邊的』。幾十年來，職工會曾經爲着這個口號而奮鬥，它們得到了什麼呢？不錯，工人階級所以能獲得那最需要的生活資料，以保持它工作和傳種的能力，惟賴這種鬥爭。但是每次工業危機都迫使這種鬥爭從頭開始，工人階級依舊是個『工資奴隸的階級』。唯一的解決就是打破工資勞動制度本身，最重要的口號就是：生產工具歸工人自己掌有！

恩格斯利用德國、比利時、荷蘭、意大利和法國的工人運動與英國憲章運動的經驗作譯例，對英國工人闡明政治鬥爭，奪取政權之鬥爭的必要性。『我們生活在一個人人必得照顧自己的世界裏。然而英國工人却讓地主、資本家、零售商人諸階級以及附庸於它們的律師、新聞記者等等，來照顧他們的利益』。整個英國工人階級必須團結在本階級的、不受資產階級影響的政黨週圍。到那時，『世界上沒有一種力量，能對那組織成爲一個整體的英國工人階級作一天的抵抗』！

在『美國的食物與土地問題』一文中，恩格斯表明歐洲小規模農業在與美國肥沃原野上大規模農業競爭中的無力。他給英國工人指出，工人運動有農民作爲它新的同盟軍，並請工人階級在取得政權之後，將需要由『國家管理下的合作社』來組織土地的墾殖。在另一篇文章中，恩格斯同樣指出愛爾蘭人是英國工人運動的同盟軍。

在幾篇論文裏，恩格斯揭示『反穀物法同盟』的自由貿易論者的階級本質，並得出這個重要的結論：『英國工業的壟斷是迅速地衰落了，』而且這『將打破那依然使英國工人階級受束縛於英國中等階級的最後鏈環。』資產階級的統治正引導英國走向破產。

在他最後一篇文章中，恩格斯清楚地指明資產階級的存在不僅是多餘，而且甚至有害。沒有一種有益的經濟任務遺留待資本家執行。他是被注定『由貪食過飽而慢慢死去』。恩格斯的結論是簡單明瞭的：『走開！給工人階級幹一番的機會吧！』

傳統的英國工人階級運動史，恆將馬克思和恩格斯在裏面不僅作爲理論家，而且作爲實際戰士所起的偉大作用隱蔽起來。實在，從四十年代的憲章運動到八十年代的八小時工作運動，恩格斯曾積極地參加了英國工人的每個鬥爭。從憲章運動者喬治•朱利安•哈威（George Julian Harvey）和厄涅斯特•周恩斯（Ernest Jones）到約翰•伯恩斯（John Burns）和托姆•曼這兩位偉大的碼頭能工領導者及近代勞工運動創始者，幾乎每個工人階級的領袖都認識、尊敬恩格斯，並且向他去請教。

人們一般地、很不正確地假定，說海得曼（H.M.Hyndman）是試圖在英國組織一個獨立的、站在階級基礎上的社會主義政黨的第一人。但是，社會民主聯盟（S.D.F.）是直到一八八三年才建立起來的，而且我們知道，海得曼曾深受馬克思的影響。發表於一八八一年的恩格斯的論文，對於當日年青的、積極的職工運動者們發生了深刻的作用；這些人是正在擺脫他們領袖們的階級合作政策。只需一讀那著名的論文集——『我爲什麼成了社會主義者』（後來在『正義』報上發表），便可找到這個問題的壓倒一切的證據。

自從這些論文發表後，中間相隔了這許多年，我們的運動經過了這樣重大的事變，工人們現在有機會閱讀此書，將爲二事所感動：第一，恩格斯對於英國工人運動的深刻了解，特別是對於職工會在工人運動中所起的重大作用之深刻了解。第二，這位世界工人階級之領袖，與工人階級最偉大的導師馬克思同樣能夠用這樣明顯通俗的體裁來著述，以致他的文章直到今天還是革命的新聞事業的模範。

這些論文在內容上如此豐富，在體裁上如此簡明，必然會再一次廣泛地流傳於英國工人階級中，並且在他們爲執行那些任務和建立那種政黨（恩格斯曾爲此盡瘁了他的生命）的鬥爭中，供他們作武器使用。

「作公平的工作、得公平的工資」

現在，這句話已經是最近五十年來的英國工人階級運動的格言了。當卑汚的『結社法』在一八二四年廢除後，職工會興起的時期，這個格言曾有很大的功勞；在那光榮的憲章運動時期，英國工人領導歐洲工人階級前進的時候，這個格言曾有更大的功勞。但是時間向前進展着，有許多事物在五十年甚至三十年前是人們熱望的和必要的；現在則成爲陳舊、並將完全不合時了。這個老的、久被遵守的口號也是其中之一吧？

作公平的工作，得公平的工資？可是什麽是公平的工資，什麽是公平的工作呢？它們是怎樣由現代社會生存與發展的法則決定的呢？要回答這個問題，我們不能應用倫理學或是法律和衡平法，也不能訴諸任何人道的、正義的、甚或慈善的情感。在道德上公平的、甚至在法律上公平的，在社會上可以是很不公平的。社會的公平與不公平，只可用一種科學來規定——即討論生產和交換的物質事實的科學，政治經濟學。

那末政治經濟學把公平的工資和公平的工作稱作什麽呢？不過是工資律和一天勞動的長度與強度而已；它們是由僱主與工人在公開市場上的競爭來決定的。這樣決定後，它們的內容是什麽呢？

公平的工資，在正常情況下，是使工人按照他的所在地和國家的生活程度，獲得必要的生活資料，以便繼續工作及傳种的金錢數額。由於商業交易的漲落，實際工資律有時高於這個比率，有時低於這個比率。但是，在公平的情況下，那個比率應當是一切變動的平均數。

公平的工作是那樣的工作日長度和那樣的實際工作強度，它耗費工人一天的充分的勞動力，而不損害他次日以及以後操作同量工作的能力。

這種交易可以描寫爲——工人把他整天的勞動力給予資本家；就是說，工人在不使這種交易的反復繼續成爲不可能的情況下，儘量把勞動力給予資本家。他所換得的，只是維持他每天能反復繼續這同一交易所需要的生活必需品，並沒有多餘的。這個交易的性質顯示出：工人付給的這麽多，資本家付給的這麽少。這是一種非常特殊的公平。

我們且進一步觀察這個問題。因爲按照政治經濟學家所說，工資與工作時間是由競爭來規定的，公平似乎需要雙方在平等的條件上，有同樣公平的出發點。然而事實上並不是那樣。資本家如果不能同意於工人，可以等待一下，依靠自己的資本來過活。工人就不能這樣。他只有依靠工資過活，因而他能夠在何時何地以及在何種條件下，得到工作，就得接受這工作。工人沒有公平的出發點。他受那可怕的飢餓驅肘脅。可是按照資本家階級的政治經濟學所說，那是最公平不過的。

然而這還是件小事。機械力與機器在新行業中被採用，已經使用機械的行業中的機器的擴充和改良，繼續使更多更多的「手工」失業。這種對「手工」排除的速度，遠超過本國製造業對於失業者所能吸收並給予工作的速度。這些被排除的「手工」，形成一個眞正的產業後備軍，等候資本來使用。如果生意不佳的話，他們就可能挨餓、乞討、盜竊，或者流入貧民院去；如果生意興旺的話，他們就近在手邊，準備好去擴張生產，並且直到這個後備軍的最後一個男人、女人或幼童都有了工作——這只有在瘋狂的過度生產的時期才會發生——直到這個時候以前，它的競爭將使工資下降；僅只它本身的存在，便足加強資本在與勞動鬥爭中的力量。在和資本的競賽中，勞動不僅是被掣肘，它還須要拖曳一個釘在它脚上的砲彈。然而，依照資本家階級的政治經濟學所說，這是公平的。

可是我們請問：資本家從什麼資金中支付這些公平的工資呢？當然是從資本中支付的。但資本並不產生價值。除土地外，勞動是財富的唯一來源；資本本身只是儲集下的勞動生產物。所以勞動的工資是從勞動中支付，工人被付給的是他自己的生產物。按照我們所說的通常的公平，勞動者的工資，應該包括在他的勞動生產品中。但是按照政治經濟學說，那便不成爲公平。相反的，工人的勞動生產物落到資本家手裏去，工人從中得到的僅僅是那養活性命的必需品。所以，這種反常的『公平』競爭的結局是：實際勞動者的勞動生產物，不可避免地積累在那些不勞動者的手裏，並在他們手裏變成最有力的工具，去奴役那些生產它的人們。

作公平的工作，得公平的工資！關於公平的工作也可以講很多，它的公平性和工資的公平性是完全相等的。但是我們必需把它留待以後討論。從上面所說的看來，這個老的口號顯然已經過了時，在今天是不大適用了。政治經濟學上的公平，就像它實際置於統治現實社會的規律中的那種公平一樣，是完全站在一邊的——站在資本那邊的。那末，就把這個老的格言永遠埋葬，而由另外一個代替它吧：

勞動工具——原料、工廠、機械——由勞動者自己掌握。

倫敦『工人戰旗』報，一八八一年五月七日

工資制度

在前面的一篇論文裏，我們檢討了那久被遵守的格言，『作公平的工作，得公平的工資』，並得出結論謂：最公平的工資，在現時的社會條件下，必然等於對工人生產物的最不公平的分配，那生產物的大部份走進資本家的荷包去，工人只有忍耐於僅足維持自己的工作能率和傳種接代的那一點兒。

這是政治經濟學的一種法則，或者換句話說，就是現時社會經濟組織的一種法則，它比英國習慣法和成文法的總合、連最高法院在內，都更有威力。當社會是分成兩個對立的階級——一方面是壟斷全部生產手段、土地、原料、機械的資本家；另一方面是勞動者、被剝奪了一切生產手段佔有權的工人，他們除去自己的勞動力而外，一無所有，當這種社會組織存在着的時候，工資法則將依然是萬能的，並且每天將重新絞緊那覊絆工人的鎖鏈，這鎖鏈使工人成了他自己生產物的奴隸，而這生產物則爲資本家所獨佔。

英國職工會反抗這個法則，到現在已經將近六十年了——有什麽結果呢？它們可曾把工人階級從資本——工人階級親手所生產的東西——的束縛中解放出來？它們可曾使一部份的工人階級超脫了工資奴隸的境遇，成爲自己的生產手段的所有者，自己行業中所需要的原料品、工具、機器的所有者，因而也就成爲他們自己勞動產物的所有者呢？誰都知道，它們不僅沒有這樣作到，而且從來沒有試圖這樣作。

我們絕不是說因爲職工會未曾作到那點，便絲毫沒有用處了。相反的，職工會在英國以及在其他各工業國中，對於工人階級反對資本的鬥爭上，都是必需的。平均工資率，等於在某個國家中、按照其通常生活程度、足夠使工人繁殖其種屬的生活必需品數額。不同等類的工人的生活程度，可能是非常不相同的。職工會的重大功績，在於它們在爲維護工資率和減低工作時間的鬥爭中，有助於維持並提高生活程度。在倫敦的極東區，有許多行業，它們的勞動和磚瓦匠及泥水工人的勞動相比，不見得更熟練，而且是同樣艱苦的，但是他們獲得的還不到這些工人的工資的一半。爲什麼？只是因爲一個強有力的組織，使一批工人能保持比較高的生活程度作爲計量工資的尺度；而另一批工人則是無組織、無力量，不但不得不忍受僱主方面不可避免的侵害，還要忍受他們的任意橫行的侵害：他們的生活程度逐漸地被降低了，他們練習着怎樣靠更少的工資來過活，於是他們的工資便自然地降落到他們所只得認爲滿足的水平上。

像這樣，工資法則並不是一個牢不可破的嚴格法則。它是有着某些限度的伸縮的。各業時時（大蕭條期除外）都有個一定的活動範圍，在這個範圍裏，工資率可以由勞資雙方鬥爭的結果而變動。在一切場合中，工資都是由講價還價來決定，在這論價之中，誰爭持得最長久最有力，便有獲取多於其所應得的最大機會。如果孤單的工人去和資本家論價，他很容易失利，並需無條件地投降。但若整個行業的工人結成一個強有力的組織，自己募集基金以便於必要時對抗他們的僱主，因而能作為一個力量來對付這些僱主，那時，而且只有那時，他們才能有機會獲得那戔戔微入，按照現時社會的經濟體制，這戔戔之數可以稱為做公平工作而得的公平工資。

工資法則並未被職工會的鬥爭所推翻。相反地，它是由這些鬥爭來執行的。沒有職工會這個抵抗的工具，工人連按照工資制度的規則應得之數都不能得到。就是由於害怕他眼前的職工會，才使資本家割捨工人勞動力的全部市場價值。需要證明嗎？且看大職工會會員的工資，和倫敦極東區那悲苦深坑中無數的小行業所得的工資吧！

所以，職工會並不攻擊工資制度，但是造成工人階級經濟地位之每況愈下的，並不是工資的高低，這種每況愈下是由於這個事實：工人階級不能獲得它的全部勞動產物，卻只有滿足於它自己產物的一部份，這一部分就叫做工資。資本家攫取了全部產物（從那裏面付工人以工資），因為他是勞動工具的所有者。因此，除非工人階級成為一切勞動工具——土地、原料品、機器等——的所有者，因而也就成了它**自己勞動的全部產物的所有者**，它是得不到真正的補償的。

倫敦『工人戰旗』報一八八一年五月二十一日

職工會(一)

在上期裏，我們研究職工會的活動，說到它們實行工資的經濟法則來反對僱主爲止。我們且重新回到這個題目上來，因爲這是最重要的問題，一般工人階級都應當徹底地了解它。

我們相信，今天的英國工人全都曉得，儘量減低工資是個別資本家底利益，也是全體資本家階級的利益。勞動的生產物在扣除一切消費之後，如同李嘉圖所確然證明了的那樣，是分爲兩份的：一份成爲工人的工資，另一份便是資本家的利潤。但在一切個別場合中，這個淨得的勞動生產物的數量都是一定的，顯然的，稱作工資的那一份如不減少，稱作利潤的那一份便不會增加。否認減低工資有利於資本家，便等於說多得利潤於他無利。

我們深知還有其他暫時增加利潤的方法，但它們並不能改變那個一般的法則，所以用不着在這裏多說。

既然工資率是由一個明明白白社會經濟法則所支配，那末，資本家怎樣能減低工資呢？工資的經濟法則擺在那裏，是不可駁辯的。但是，我們已經說過，它有伸縮性，並且是有兩種方法可以伸縮的。在個別行業中，工資率不是由該行工人逐漸習慣於更低生活程度而直接降低，便是由增加每天勞動時間（或者在同一勞動時間內提高勞動強度）但不增加報酬而間接降低。

復次，每個資本家想由減少工人工資而增加其利潤的私心，更因爲同業資本家彼此競爭而得到一個新的刺激。他們每人都企圖比其競爭者賣得便宜，那末除非犧牲他的利潤，他就必需努力減低工資。所以，每個資本家的利慾加諸工資率的壓力，更由他們彼此間的競爭而增加了十倍。以前的一個利潤多少的問題，現在則成爲必不得已的問題了。

對於這種經常不斷的壓迫，無組織的勞動者是沒有有效的反抗方法的。因此，在工人沒有組織的行業中，工資經常地趨於低落，而工作時間則經常地趨於增加。雖緩慢但一定不移地，這種進程繼續着。雖然繁榮的時期偶爾會把這個進程阻斷，但營業惡劣的年月隨後便更加速它的進度。工人們漸漸地習慣於更低更低的生活程度。當工作時間的長度愈接近其可能最高點，工資便愈接近其絕對最低點——在這最低限度以下，工人便絕對不能生活和傳種接代了。

約在十九世紀初葉，曾有一個暫時的例外。蒸汽機和機器的迅速擴張，還不能滿足那更快增加着的，對蒸汽機和機器生產品的要求。在這些行業中，除去貧民養育院賣給廠家的童工外，工資一律是高的；那些不能缺少的熟練手工工人的工資也是非常高：當時一個染匠、一個機器匠、一個天鵝絨裁衣匠、一個手搖紡織工匠通常的收入，聽起來都難以置信。同時，由機器代替了的行業就慢慢地餓斃了。然而新發明的機器漸漸又代替了這些薪金優厚的工人；製造機器的機器發明了，機器的生產率是這樣大，結果機製貨物的供給，不僅趕上並且超過了需要。當普遍的和平在一八一五年恢復了商業的常軌時，那每隔十年一次的從繁榮、生產過剩到商業恐慌的變動便開始了。工人們從過去繁榮時期所保存下來的一切利益，或者甚至在瘋狂的過度生產時期增加了的一切利益，此時在商業惡劣和恐慌的期間都被剝奪了。很快地，英國勞工大衆屈服在那個一般法則的下面，卽：沒有組織起來的勞動者的工資，是經常趨向於絕對最低限度的。

但在此期間，於一八二四年取得了合法地位的職工會，也已經步入舞台，而且正合時機。資本家總是有組織的。他們在大多數場合都不需要形式上的聯合以及章程和職員等等。他們和工人比較起來為數甚少，事實上他們形成一個獨立階級，他們經常社會交際和商業來往——這些便代替了那種形式上的聯合；只有到後來當一個產業部門的廠家們佔據了一個地區，如像棉織業擁有蘭開夏，正式的資本家同業聯合會才成為必要。另一方面，工人們一開始便不能沒有一個堅強的組織，這個組織有明白規定的章程，並委託全權於其職員和各委員會。一八二四年的法令使這些組織有了合法的地位。從那時起，勞動者在英國形成了一種力量。以前那種無告的，本身分裂的群衆，現在再不是那樣了。聯合與共同行動所產生的力量，很快地又添上了一個充裕的財源——

我們法國的兄弟們深刻地稱它爲『抵抗錢』。（Resistence moneg）整個的情勢現在改變了。對於資本家說，任意減低工資或增加工作時間，成了一椿冒險的事。

因此，當時的資本家階級曾發出激烈的怒號反對職工會。那個階級總以爲它那實行了多年的對工人階級的壓榨，是既得的權利，是合法的特權。現在這種特權要被使之停止了。無怪他們大聲疾呼，認爲自己至少在權利和財產上是像今天的愛爾蘭地主們同樣地受到了損害。

六十年的鬥爭經驗使他們稍稍轉變了。職工會現在已經成了公認的機關，它在調整工資上的作用，被承認與工廠法在調整工作時間上的作用相等。不僅如此，蘭開夏的棉紗業主們最近已向工人學習，現在他們像職工會一樣，知道怎樣在適合於他們的時機，去組織罷工，甚至比任何職工會都更有研究。

所以，工資法則是經由職工會的作用，而實行以反對僱主的；經由職工會的作用，任何組織完善的行業底工人們，都能獲得他們租給僱主的勞動力的全部價值，至少所得也接近這價值，並且，加上國家法律來幫助，使勞動時間至少不致過於超出那最高的長度，超出了這個最高長度，勞動力便會過早地枯竭了。但這是現在組織情形下的職工會所能希望獲得的最大成就，並且只有由經常的鬥爭，由大量地消耗力量和金錢才能達到；以後那至少每十年一次的商業變動，又暫時將已經獲得的權益摧毀，鬥爭需得從頭開始。這是一個罪惡的循環，從中絕不會有出路的。工人階級仍然還是他們過去那樣，還是我們憲章運動的先輩所不諱言的工資奴隸階級。這就是一切勞苦，自我犧牲和受難的最後結局嗎？這將永遠仍然是英國工人的最高目的嗎？或許，這個國家裏的工人階級，最後要去打破這個罪惡的循環，並從完全廢除工資制度的運動中尋求出路吧？

下週我們將討論職工會作爲工人階級組織者所當的職分。

倫敦『工人戰旗』報，一八八一年五月二十八日

職　工　會（二）

前面我們研究職工會的作用，僅僅論及它們帮助調節工資率，保證勞動者在和資本作鬥爭時，至少有些抵抗的方法。但是我們的論題不僅只包括那一方面。

我們說過，勞動者反抗資本的鬥爭，那種鬥爭確是存在着，不管資本的辯護者怎樣作相反的辯解。當減低工資還是增高利潤最穩妥最捷便的方法的時候——不，當工資制度本身還存在一天的時候，這個鬥爭也將存在一天。職工會的存在便充分地證明了這個事實；如果它們的產生，不是爲着反抗資本的侵害，它們爲着什麽呢？矯飾是沒有用處的。甜言蜜語不會遮蓋住這個醜惡的事實，即：當今的社會主要分成兩大敵對的階級——一方面是資本家，是一切用以僱用勞動的手段的所有者；另一方面是工人，除去自己的勞動力外，任何東西都沒有。後一個階級的勞動產物需由兩個階級分佔，經常進行着的鬥爭，便是爲了這種分配。每個階級企圖儘量使它的份兒大些。這個鬥爭的最奇異的情形是：工人階級僅僅是爲獲取自己的產物之一部而鬥爭，但却經常被斥責爲實行搶掠資本家！

然而社會上兩大階級的鬥爭，必然會成爲政治鬥爭。中等階級（或稱作資產階級）和地主貴族間的長期鬥爭是如此，工人階級和上述的資本家間的鬥爭也是如此。在每個階級對階級的鬥爭中，其鬥爭的最近目的便是政權；統治階級保護它的政治最高權利，就是說保護它在立法上佔絕對多數；卑下階級爭取那個權利，首先是爭取一部份，以後便爭取全部，以便能改變現存的法律，使其適應他們自己的利益與需要。所以，英國工人階級多年來熱忱地、甚至激烈地爭取會給它那種政權的人民憲章；它被打敗了，但是這個鬥爭已經給了勝利的中等階級一種很深的印象，使它從那時起，便很樂意用屢次對工人讓步的代價去獲取長期的休戰。

在一個階級反對另一階级的鬥爭中，組織是最重要的武器。純政治的、或憲章派的組織崩潰到了怎樣的程度，職工會組織便更壯大到怎樣的程度，到現在，它已達到力量爲國外任何工人階級組織所不能匹敵的程度。有幾個大職工會包括一百萬到二百萬的工人，並有較小的或地方的工會爲後盾；它們代表一種力量，這種力量使任何統治階級的政府（無論是自由黨的或保守黨的），都不得不重視它。

按照它們在這個國家裏發生和發展的傳統——這些強有力的組織一向幾乎都是嚴格地自限於起這種作用：參與調節工資及工作時間，和實行廢止公開敵對工人的法律。如前面所說，它們這樣作，得到了它們有權希望的那樣多的效果。然而它們得到了比這種效果更多的東西——統治階級了解它們的力量比它們自己還了解得清楚，自動地向它們作了超出那種效果以外的讓步。狄士勒力的按戶選舉法（Disraeli's-Household dsufferage）至少給了大部份有組織的工人階級以選舉權。若不是他推測這些新的選舉人要表現他們自己的意志，要停止受中等階級自由主義政客的領導，他肯提出這個法律嗎？如果工人在管理他們那巨大的職工會當中，沒有證明他們自己配作行政的和政治的工作，他能夠使這法律通過嗎？

就是這一法律，給工人階級開闢了一個新的前途。它使他們在倫敦和一切工業城市中佔多數：這樣，由於派遣本階級的人到國會中去，使他們能以新的武器進行反對資本的鬥爭。在這裏，我們說起來覺得可惜，職工會忘記了它們作爲工人階級前衛的任務。這個新的武器在它們手裏已經有十年以上的時間了，但是它們幾乎不曾開始使用過它。它們不應該忘記：除非它們眞正作爲工人階級的前驅，它們是不能保持現在所佔有的地位的。英國工人階級享有派遣四十或五十個工人到國會去的權利，然而却甘心永遠由資本家或其服務員如像律師、編輯等等代表他們，這是不合情理的。

不僅如此，有許多徵兆表明，這個國家的工人階級正覺悟到它已經有一個時期在錯誤的軌道上走着；覺悟到當前這個專爲增加工資、減少工時的運動，把它置於一個罪惡的循環裏，從那兒是沒有出路的；覺悟到根本的罪惡不是由工資的低微而是由工資制度本身形成的。這種知識一旦在工人階級中普遍地傳佈了，職工會的地位必定要大大地改變。它們將不再享有作爲工人階級唯一組織的特權。在各個行業工會的旁邊或上面，一定崛起一個總工會，一個工人階級全體的政治組織。

所以，有兩點應為有組織的行業加以考慮：第一，這樣的時候正很快地到來：那時這個國家的工人階級，將以響亮的聲音要求國會應充分由它來代表。第二，這樣的時候也正很快地到來：那時工人階級將會了解為增加工資減少工時的鬥爭，以及像今天職工會所進行的全部活動，其本身並不是一個目的，而是一種手段，一種非常必要與有效的手段，但只是達到一個更高目的的幾種手段之一種，這更高目的就是：完全廢除工資制度。

為了工人在國會裏有充分的代表，以及為了準備廢除工資制度，組織將成為必需的；這種組織不是個別行業的，而是工人階級全體的。這種組織形成得愈快愈好。世界上沒有一種力量能對那組織成為一個整體的英國工人階級作一天的抵抗。

倫敦『工人職旗』報，一八八一年六月四日

對法國的通商條約

星期四，六月九日，在下議院裏，莽克先生(Mr. Monck 代表格勞斯特城）提出一個決議案，大意說：『與法國訂立任何商約 ， 如不進一步減低關稅以開展兩國的通商關係，都是不會滿意的。』隨卽有若干時間的辯論。狄爾克爵士(Sir C.Dilke)代表政府提議用外交儀式上所需要的溫和的抗拒。巴爾福（Mr. J. A. Balfour 代表台姆窩茨）主張用報復的關稅逼迫外國，使它們採用較低的稅率。斯拉葛（Mr. Slagg代表曼徹斯特）主張讓法國人去了解我們彼此通商的價值，甚至不必訂任何條約。伊靈窩茨（Mr.Illingworth代表布萊得弗德）對於經由商約以達到自由貿易表示失望。麥克伊弗爾(Mac Iver 代表貝肯赫德)聲稱現在的自由貿易制度只是一種欺騙，因爲它是由自由入口與限制出口所組成的。這個議案是由七十七票對四十九票而通過了，失敗旣不會傷害格萊斯頓先生的感情，也不會傷害他的地位。

這次辯論是這樣一個好標本：一大套的反復抱怨，抱怨愚蠢的外國人，甚至同樣愚蠢的殖民地人民的那種固執，他們固執地不肯承認自由貿易的普遍嘉惠，及其救治一切經濟弊害之能力。從沒有一種預言像曼徹斯特派的預言那樣全部失敗——這預言說，自由貿易一旦在英國建立起來，將博惠全國，因而其各國也必然照樣仿行，對英國製造品開放它們底商港。這些自由貿易倡導者的甜言蜜語，依然是一種荒野裏的呼聲。不僅歐洲大陸和美國大體說來都增加了它們底保護關稅，即在英國的殖民地，一當它們被授與自治權後，就立即也依樣行事；印度剛被併入大英帝國的版圖，就在那裏也規定了棉貨值百抽五的關稅，作爲對當地製造家的激勵。

爲什麼會這樣，對於曼徹斯特派是個極端莫解的事。然而它是很明顯的。

約在前世紀中葉，英國是棉織業的中心，因而，在棉織物的需要急驟高漲之下，那兒便成了發明機器的天然地方；這種機器得蒸汽機的助力，便首先革新了棉業，接連又革新了其他的紡織工業。英國那廣大易採的煤田，得力於蒸汽機，現在成了本國繁榮的基礎。鐵礦的廣大富藏挨近於煤礦，便利了鐵工業的發展，而引擎和機械的需要，更給了鐵工業一個新的刺激。以後，在這整個工業組織的革命當中，發生了反甲可賓戰爭和以拿破崙爲中心的戰爭，在將近二十五年之中，幾乎把所有競爭國家的船隻都從海上趕出去，因而使英國製造品在大西洋沿岸的一些市場和一些歐洲市場上佔實際壟斷地位。當一八一五年和平恢復時，英國底蒸汽校製造品已經現成足以供給全世界，而在其他國家中幾乎還不知蒸汽機是什麼東西。在製造業上，英國是遠遠超過了她們。

但是和平的恢復，很快地引導其他國家步上了英國的後塵。靠着她底保護關稅之萬里長城的庇護，法國採行了蒸汽機生產。德國也這樣做了，雖然她的關稅在當時遠比任何國家（英國在內）寬鬆。其他國家也都這樣做了。同時，英國的地主貴族爲着提高地租，實施了「穀物法」，因而使麵包的價格抬高，也使貨幣工資率抬高了。然而英國的製造業還是以驚人的速度進展着。到一八三〇年，她已竭力企圖成爲「世界的工廠」了。使她眞正成爲「世界的工廠」的，便是「反穀物法同盟」所進行的工作。

在那時候，取消「穀物法」的目的並未曾隱秘起來。降低麵包的價格，因而就是降低貨幣工資率，使英國製造者們能夠抵禦惡意的、或愚昧的外國人用以威脅他們的一切競爭。英國有着她那機械的偉大進步，有着大量的商船，有煤和鐵，她應當供給全世界以工業品，外界便應當供給她以農產物，穀類、酒、亞麻、棉花、咖啡、茶葉等等——什麼比這更合情理呢？上帝的勅令說應該這樣，你反對便簡直是反抗上帝的勅令。至多可以讓法國供給英國和其他各國以機器所不能製造的、爲開明廠主所不屑理會的那種嗜好品和時髦裝飾品。這樣，並且只有這樣，地球上才會有和平，對人類才會有福利；於是各國就會由通商與互惠的親密紐結聯繫在一起；於是和平與繁榮的統治便會永久建立起來，並且對工人階級、對他們底「手工們」說：「好年月就要到來了，小子們——稍等等吧。」當然，「手工們」現在仍在等待着。

但是當「手工們」等待着的時候，那惡意的、愚昧的外國人却未曾等待。他們未曾了解這種制度的優美：應用這制度，英國所保有的工業上的暫時利益，就要變成使她能永久壟斷全世界工業的手段，使其他各國都降爲英國的單純農業附庸——換句話說，就是降入愛爾蘭那種可羨慕的地位。他們知道，任何民族，如果被剝奪了工業，因而淪爲一個單純的農民集團，便不能在文明上趕得及其他民族。所以，把私人的商業利益服從於民族危機，他們便用高的關稅保護他們那初生的工業，對於他們，這似乎是唯一的方法來保障自己不淪爲愛爾蘭所享受的那種經濟地位。

我們並不是說，在一切情況下這樣做都是對的。相反的，法國由於顯著地走近自由貿易，會收到巨大的利益。今天的德國的製造家們，是在自由貿易之下成長起來的，而俾斯麥的新保護關稅就只對於德國製造家們自己有害。但是有一個國家，在那兒一個短時期的保護稅制不僅是正當的，而且是絕對必要的——這就是美國。

美國是處在她發展底這一地步上：製造業的實施已經成爲全國的需要了。這層可由這一事實充分證明：在發明節省勞動的機器方面，佔領導地位的已不再是英國，而是美國了。美國的發明每天代替着英國的專利品和英國的機器。美國的機器被帶到英國去，幾乎在每種工業部門都有。復次，美國擁有世界上最精強的人民；她底煤田與英國底比較，英國煤田產量幾乎顯得沒有了；她的鐵和其他金屬也是豐富的。這樣一個國家，經過二十年左右的短時期保護稅制，便能把她的年青的、上升的工業立刻置於和任何競爭者平等的地位，那末，還能想像她會把這工業暴露出來，去和那老牌的英國工業作長期的、持久的、競賽的鬥爭嗎？可是，曼徹斯特派說，美國保護制度只是在損害着她自己。這樣，一個人拿額外費用去乘特別快車而不乘減價列車——一點鐘行五十哩以代替行十二哩——他也是在損害着自己了！

毫無疑義的，當今一代的人將看到美國的棉貨與英國的棉貨在印度和中國競爭，並且逐漸地在那兩個主要的市場上得勢；將看到美國的機器、鐵器與英國在世界各處（連英國在內）競爭；將看到使弗蘭德底工業轉移到荷蘭，荷蘭工業轉移到英國的那同一絕對必然性，不久就要使世界的工業中心從英國轉移到美國。那時候，在剩給英國的狹小範圍中，她還要遇到幾個大陸國成為她可怕的競爭者。

英國工業繼斷迅速衰落的事實，已不能再事遮掩了。如果那『開明的』中等階級認為把它秘而不宣是對他們有利的話，讓工人階級大胆地面對這個事實吧！因為它對他們的利害關係，甚至超過對於他們的『在上位者』（按指資本家而言——譯者）。這些人在一個長時期內，也許仍然還是世界銀行家和放債者，如同在他們以前威尼斯人與荷蘭人處在沒落時期的情形一樣。但當英國巨大的出口貿易開始在每年減縮而不擴張時，『手工們』却要落到什麼地步呢？如果機器造船業從泰晤士河移往科萊德河，便足使整個倫敦極東區陷於慢性的貧困，那末當英國一切主要商業實質上移往大西洋對岸（按指美國——譯者），將對英國發生何種作用呢？

它將發生一個偉大的作用：它將打破那依舊使英國工人

階級束縛於英國中等階級的最後鏈環。這個鏈環便是他們在國家壟斷上的共同工作。那種壟斷一旦打破了，英國工人階級將被迫着手求得自身的利益、自身的解放，並着手廢除工資制度。我們希望它不要等到那時才動手！

倫敦「工人戰旗」報，一八八一年六月十八日

美國的食物與土地問題

從一八三七年秋季起，我們很常見金融恐慌和商業危機從紐約輸入英國來。至少，在美國每爆發兩次十年一週的工業震動，在英國便有一次。但美國還要推動英國農業中那古老的關係，改革地主與無契約佃戶間那遠古的封建關係，消除英國的地租，並使英國田園荒蕪——這乃是留給十九世紀最後二十五年的景象。

而現在也還是如此。西方沃野的處女地——目前正在開墾，不是成小片地，而是成幾千平方哩地開墾——現在正開始支配小麥的價格，因而也支配麥田的地租。任何舊土壤都不能和它競爭。那是一種奇異的土地，坦平，或者稍微有些起伏，沒有大的隆起，完全還是新生代海底慢慢淤積起來的狀況；沒有石子、山岩和樹木；適於直接墾殖而不要任何準備工作。用不着清除障礙或排洩積水，你只消用犁犁過，它便適於接受種子，連續收穫二十至三十次小麥也不需施肥。那是適合於最大規模農業的土地，事實上它正是在最大規模地被經營着。英國農業家常拿他那對歐洲大陸農戶的小農場而言的大農場來自豪；但是和美國沃野的農場——那四〇〇〇〇畝的，甚至更大的農場比較起來（這些農場由在訓練、指揮和組織上如同兵士一般的人、馬和工具的常備軍來耕作），英國最大的農場算得什麼呢？

美國在農業上這種革命，加上美國人所發明的、革新的運輸工具，使運在歐洲的小麥價格非常低廉，任何歐洲農民都不能和它競爭——至少還要求他繳地租的時候是不能的。請看一八七九年，在那年第一次感覺到這種情形。那年西歐各地的收穫都是惡劣的；在英國是荒年。但是，由於美國的穀物，使穀物價格幾乎沒有變動。英國農民第一次遇到收成壞，同時麥價卻又低廉。於是農民們開始騷動了，地主們感覺恐慌起來。次年，收成較好，價格更形低落。穀類的價格現在是由在美國的生產費加上運費所規定了。而且與新的沃野土地開墾畝數成比例，一年年將更是如此。開墾所需要的農業軍隊由於遣送移民到美洲去，我們自己在歐洲也見到了。

在以前，農民和地主曾有過這種自慰：如果穀類無利可圖，肉類會有利的。耕種的田地變成了牧場，一切都又使人高興了。但現在這種財源也被截斷了。美國的肉類和家畜的輸出量是日益增加着。不僅這樣，至少有兩大出產家畜的國家，她們謀求方法以便能將大量過剩的、現在無用的肉類輸往歐洲，特別是輸往英國。以現時的科學發展情形及其在應用上的迅速進步而論，我們可以確信至遲在幾年之內，澳洲和南美的牛肉和羊肉，將保藏完美地大量地運過來。英國農民的繁榮，英國地主的長捲的租摺，那時將會變成怎樣的情形呢？種植醋栗和草莓　物倒很不錯——那個市場現在是供給得很充足的。無疑的，英國工人能多消費些這樣的美味食品——但是，首先就請增加他的工資。

不用說，這個新的美國農業競爭的影響，在歐洲大陸上也感受到了。大陸上的小農戶多數深陷於債累之中，英國和愛爾蘭農民繳納地租，他則繳付利息和訴訟費；他與英愛農民同樣受影響。這是美國這種競爭的特殊影響，它不僅使大地產成爲無用，並且也使小的地產成爲無用，因爲它使兩者都無利可圖了。

也許有人說，現今在美國密士西比河以西所實行的這種耗盡地力的辦法，並不能永遠繼續，事情定會恢復妥善的。當然，它不能永遠繼續；但未經墾殖的土地還多得很，足供再繼續開墾一世紀。此外，還有其他國家呈現着相似的優越條件。有那幾個的南俄大草原，商人已經在那兒實際購買了土地並進行了同樣的工作。有阿根廷共和國那廣大的草原以及其他；這些土地都同樣適合於這種近代龐大農莊和廉價生產的制度。所以在這種事業耗竭之前，它將會已經存在了至少足夠兩次使歐洲一切大小地主致於死命的時間了。

那末，這一切底結局怎樣呢？結局將要是而且必定是：迫使我們實行土地國有，由國家經合作社來進行耕植。那時，而且只有那時，才會重新使耕植者和國家經營它而獲致利益，不論美國的或任何他種的穀類和肉類價格怎樣。同時如果地主們眞正到美國去（因爲他們似乎是有些傾向），我們就祝他們一路平安。

[illegible]『[illegible]』報，一八八一年七月二日

『反穀物法同盟』的工資理論

在另一欄中，我們發表諾布爾先生（Mr. I. Noble）一封信，那封信是責難我們在六月十八日『工人戰旗報』社論中的幾點評述的。雖然我們當然不能使我們的社論欄成爲關於歷史事實或經濟理論問題的討論機關，我們却願意對這個人回答一次，他雖則是站在公開的政黨的立場上，但顯然還是誠懇的。

對於我們斷言取消『穀物法』的目的是在『減低麵包的價格，因此減低貨幣工資率』，諾布爾先生回答說，這是一種爲該『同盟』所堅決反對的『保護稅論者的謬見』，並從理查·考布登（Richard Cobden）的講演和『同盟』總會底一封信裏拿出幾個引證來證明。

所討論的那篇文章（按即『對法國的通商條約』一文，發表於六月十八日——譯者）的作者，當時住在曼徹斯特——工業中心之一。他當然十分知道該『同盟』的公開學說。把它變成最簡短並爲一般所公認的說法，（因爲說法有各種各樣）便是這樣：取消穀物稅將增加我們的對外貿易，將直接增加我們的進口貨，外國主顧們將購買我們的製造品作交換，因而，便增加了對我們製造品的需要；因而，對我們產業勞動人民底勞動的需要也將增加，所以工資一定高漲。由於日復一日、年復一年地背誦這個理論，這個『同盟』的公開代表們——因爲是些淺薄的經濟學家——最後便會作出這樣令人驚訝的論斷：說工資的漲落不是和利潤成反比，而是和食物的價格成反比；說麵包貴就是工資低，麵包賤便是工資高。這樣，那穀物稅取消前後都一樣存在的，十年一次的商業震動，遂被該『同盟』的代言人宣稱不過是『穀物法』的影響，這些可恨的法規一經廢除，它必然就會立卽消滅；他們又宣稱『穀物法』是唯一巨大的障礙，橫在英國製造業和那渴望英國製造品的、沒衣穿並因缺乏英國布而戰慄的、可憐的外國人之間。所以考布登能在諾布爾先生所引證的那段話裏，實際指陳從一八三〇年到一八四二年的商業蕭條和工資低落，是這些年間穀物昂貴的結果，實則那只是商業蕭條底有規律的現象之一，到現在止，它以最大的規律性每隔十年重現一次；歉收和貪婪地主立法的愚昧干涉，當然延長了並加劇了這一現象。

好了，這就是考布登的公開的理論，雖然有煽動家的聰明，他還是一個可憐的商人和淺薄的經濟學家；他當時無疑地篤信他的理論，正如諾布爾先生到今天還篤信它一樣。但是，『同盟』的大部份是實際主義的商人，他們比考布登更關切商務，一般也比他在那方面更成功。對於這些人，問題就全然不同了。當然，在生人面前以及在公開集會中，特別是在他們的『手工們』面前，這種官樣的理論一般是被認為不錯的。然而當商人在合作生意時，通常都不對顧客說實話，如果諾布爾先生欲持異議，他最好避開曼徹斯特的交易所。工資怎樣必然由穀物自由貿易的結果而增高，其意義如何？對這一點稍加推究便足以顯示出：這種增高是被認為對於以商品形式表現的工資有影響的，貨幣工資率很可能並不提高；然而那實際上不是工資的增加嗎？當你把這個問題更向前推究一步，其結果時常是：貨幣工資率甚至可以低落，而同時這個減低的貨幣額所給予工人的生活慰藉，卻比未減時他所享受的更好。如果你對於如何獲致所盼望的大量擴張貿易再問某個更深入的問題，立刻便有人告訴你，它們主要依賴於下述這種偶然的事件：貨幣工資率的減低配合着麵包等物價格的降落，足以抵償這種工資減低的損失而有餘。此外，有許多人甚至不隱瞞他們的意見，說要求廉價的麵包，只是為着減低貨幣工資率，藉此給外國的競爭一個迎頭的痛擊。這實際上便是組成『反穀物法同盟』這個大團體的大部份製造家和商人們的目的與志向。任何習慣於應付商人，因而也習慣於不永遠把他們的話當作真實的人，就不難了解這一點。這是我們過去講過的話。現在再重復一遍。關於該『同盟』的公開的學說，我們隻字未提。在經濟學上說，那是一種『謬論』，實際上說來，只是一種上層的裝飾，但有些該『同盟』的領袖們或者由於太常常講它，以致自己最後也相信起來。

很有趣的是諾布爾先生引證考布登關於工人階級與小麥

有二十五先令一瓜特的希望而『撫掌歡欣』的話。工人階級在當時並不反對漲價的麵包；但是，他們對於考布登及其伙伴們的行動是這樣的充滿了『歡欣』，以致過去幾年中，他們會使該『同盟』在英國北方連召集一次真正公開的會議都不可能！一八四三年該『同盟』最後一次企圖在蘭孚特市政廳召開這樣的會議，作者非常『歡欣』地在場，並看到單單因爲提出修改人民憲章的修正案，便幾乎使會議破裂了。自此以後，該『同盟』的一切會議的規則是『持券入場』，這遠非是人人所能參加的。從那時起，『憲章主義者的妨礙』停止了。工人階級已經達到了他們的目的——說明該『同盟』並不代表他們，如同它假裝的那樣。

最後，再稍談談該『同盟』的工資理論。一個商品的平均價格是等於它的生產費；供求的作用在於把它從圍繞着那個標準的擺動，挽回到那個標準上來。如果一切商品都是這樣，勞動這種商品（更嚴格說是勞動力）也是這樣的。那末工資率便是由工人日常必需消費的那些商品的價格所決定。換句話說，如果其他一切都不變動，工資是隨生活必需品的價格而漲落的。這是政治經濟學的一個法則。一切卜符爾特，威爾遜們，考布登們和伯來特們，都永遠沒有能力反對它。但一切其他事物並不是永遠不變的，所以這個法則的作用，常常爲其他經濟法則同時併發的作用所變更；它看來是很朦朧的，有時甚至達到這樣程度，使你必須費力地去探索它。這給了從『反穀物法同盟』以下的那些走向庸俗化的和庸俗的經濟學家一絕好口實來掩飾說，首先是勞動，其次是一切其他的商品，都沒有眞正可以確定的價值，只有一種變動着的價格，或多或少地受供求的支配，而無關於生產費；並說要抬高價格，因而就抬高工資，除去增加需要外沒有其他辦法可想。這一來，你便擺脫了工資率和食品價格間那令人不快的聯繫，並能令麵包昂貴即為工資低微、麵包價賤即為工資豐厚的這種粗俗可笑的理論，大胆地宣佈擺脫這種聯繫了。

或者諾布爾先生要問：在今天麵包價廉時，工資是否一般地與一八四七年以前麵包徵課重稅時同樣高，或者甚至更高呢？ 那要費長時間的調查才能回答。 不過這些是確定了的：在某一工業部門已經興旺，同時工人已經堅強地組織起來自衛的場合，他們的工資一般的是沒有降落，有時或者增加了。這只證明從前付給工人們的工資是不夠的。在某一工業部門已經衰落的場合，或是在工人們沒有堅強地組織在職工會中的場合， 他們的工資便一定下降， 時常達到飢餓線上。你們到倫敦極東區親自看看吧！

倫敦『工人戰旗』報，一八八一年七月九日

工人的政黨

友人和同情者多麽經常地警告我們：『遠離政黨政治呀！』僅就現時的英國政黨政治而論，他們的意見是完全正確的。一個工人機關報，就其實際的政黨意義說來，必須既不是民黨也不是王黨，既不是保守黨也不是自由黨甚至急進黨。保守黨人、自由黨人、急進黨人，他們都只代表統治階級的利益，代表在地主、資本家和零售商人中佔優勢的各色意見。如果他們真去代表工人階級，那他們絕對一定是它的不正確的代表者。工人階級有它自身的利益，政治的和社會的。它會怎樣起來衛護它所認為是自己社會利益的東西，可於職工會和縮短工時運動的歷史見之。但它對於政治利益，幾乎完全委諸王黨員、民黨員和急進黨員這些上層階級人們的手裏，在差不多二十五年之中，英國工人階級一向可算是甘心作了『太自由黨』(Great Liberal Party)的尾巴。

居於這種政治地位，不配稱為歐洲最有組織的工人階級。在其他國家中，工人一向比他們活躍得多。德國十年多以來，已經有了一個工人政黨（社會民主黨），它在國會中保

40 英國工人運動

有十個議席，它的生長驚嚇了俾斯麥，使他採取了那種卑鄙齷齪的鎮壓手段，關於這點，我們在另一欄中有一段記載。但是，不管俾斯麥怎樣，工人政黨沉着地向前進步着：就在上週，它在曼海姆市議會選舉中，獲得了十六席，在撒克遜省議會選舉中，得了一席。在比利時、荷蘭和意大利，都已學了德國人的榜樣，這些國家中都有一個工人政黨存在，雖然那兒選舉人的條件太高，現時還不能使他們有派遣黨員到立法機關去的機會。在法國，工人政黨目下正在加緊進行組織；上屆選舉中，它已經在幾個市議會裏獲得了大多數，無疑地將在十月間衆議院總選舉中佔到幾席。即令在美國（那兒工人階級轉變成農民、商人、或者資本家階級，仍然比較容易），工人階級也感覺需要把自己組織成一個獨立的政黨。處處工人都在爭取政權，爭取本階級在立法機關中的直接代表權——處處如此，就只英國除外。

然而在英國從沒有過比現在這樣更廣佈的感覺，即：老的政黨已臨末日，老的套語已無意義，老的口號已被打破，老的萬靈藥將不再有效了。各階級有思想的人士，開始了解必須開闢新的道路，而且這道路只能是走向民主制的道路。但工業和農業中的工人階級在英國占人民的最大多數，民主制在這兒便是指工人階級的統治，一點也不多，一點也不少。那末，就讓英國工人階級準備自己去擔負那將給它的任務——統治這個大帝國吧；讓他們了解必然要落到他們肩上的那些責任吧。要作到這點，最好的方法是利用那已經握在他們手裏的權力，利用他們在英國各大城市中所保有的實際的多數地位，把本階級的人派到國會去。在現在的按戶選舉制下，四十或五十個工人可以容易地派到聖史梯芬宮（按指英國國會——譯者）；在那兒，灌輸完全新的血液誠然是非常必要的。只要有那樣多的工人參加國會，愛爾蘭土地法案要像目前這樣愈益成為一種愛爾蘭地主的法案（即一種愛爾蘭地主的補償法），便是不可能的事；要抗拒那重新分配議席，使行賄真正受到懲罰，使選舉費由公款支付（如同英國以外其他各國的情形一樣）等等的要求，便是不可能的事。

而且，在英國除非它是工人的政黨，不可能有真正民主主義的政黨，其他階級開明的人士們（他們在英國並不像人們要我們相信的那樣多）可以加入那個政黨，甚至在宣誓效忠之後，可以在國會裏代表它。各處都是這樣的。在德國，舉例說，工人代表並不完全是真正的工人。可是英國以及其他各處的任何民主主義政黨，除非他有明顯的工人階級性質，便不會有效地得到成就。拋棄那個性質，便只有派別和欺騙而已。

這在英國比在外國甚至更確實些。急進派的欺騙，自從世界上所曾產生的第一個工人政黨——憲章黨——瓦解以來，不幸已經夠多了。是的，然而憲章派瓦解了而且毫無成就。但他們真是這樣嗎？在人民憲章的六條中，有兩條——投票選舉和無財產限制——現在成了本國的法律。一個第三條，普選權，至少在按戶選舉法的形式下近乎實行了；一個第四條，選舉區平等，已顯然在望，是現政府所允許了的改革。所以，憲章運動的瓦解，結果充分實現了憲章主義綱領的一半。如果僅只一個過去的工人階級政治組織底遺澤還能夠實現這些政治改革，以外，還實現了許多社會改革，那末，工人階級政黨的實際出現，加上議會中四五十個代表的支撐，將會作出怎樣的事來呢？

我們生活在一個人人必須照顧他自己的世界裏。然而英國工人階級卻聽任地主、資本家、零售商人諸階級以及附庸於它們的律師、新聞記者等等，來照顧它的利益。無怪有利於工人的改革這樣緩慢地、這樣一點一滴地實現。英國工人們只要下定決心，他們便力足實行他們的處境所需要一切社會的和政治的改革。那末，為什麼不作那種努力呢？

倫敦『工人戰旗』報，一八八一年七月二十三日

俾斯麥與德國工人的政黨

英國中等階級的報紙，對於俾斯麥及其閣員對待德國社會民主工黨黨員的殘暴罪行，最近非常沉默。稍示例外的，只有『每日新聞』報。以前，當外國暴君專制的政府對人民這樣地肆意妄爲時，英國日報和週刊的怒號，誠然是激烈的。但這次被壓迫的一方是工人，並且是以工人之名稱自豪的工人，上流社會底、貴族底新聞界代表們却隱蔽這些事實，而且由於他們力持緘默，幾乎就像贊成這些暴行一樣。眞的，工人能管什麼政治呢？讓他們的『在上者』（按指資本家而言——譯者）去管好了！此外，英國報紙緘默的另一原因是這樣的：很難攻擊俾斯麥的壓制條例及其執行的方式，而又用同一口氣擁護福斯特先生在愛爾蘭的壓制行動。這是非常痛楚的一點，一定不要觸着它。我們殆不可能希望中等階級的報紙能自己指出：由於現政府在愛爾蘭的行動，英國在歐洲和美洲的道義地位降低了多少。

在每次總選中，德國工人的政黨，顯出它迅速增加的票數來；在上上次的總選中有五〇〇、〇〇〇以上的票數，在上次則有六〇〇、〇〇〇以上的票數落到他們的候選人身上。柏林選出了兩人，愛爾柏弗•拜爾門一人，布萊司勞，得萊斯登各一人；不管政府與幾個自由保守和天主教諸政黨大聯合，不管兩次謀刺德皇事件所產生的叫囂，其他各黨都同聲說這兩次事件應由工人政黨負責，工人政黨却贏得了十個議席。後來俾斯麥通過了一個法令，認社會民主主義爲非法，五十種以上的工人報紙被封禁，他們的社團和俱樂部被破壞，他們的基金被搶奪，他們的會議被警察所解散，反動最高點則爲下令將幾個城市和地區『宣佈爲非常狀態』，正如在愛爾蘭的情形一樣。但是英國『強制法案』在愛爾蘭所從未冒昧嘗試的事，俾斯麥在德國作了。在這個『宣佈爲非常狀態』的地區，警察有權將他所『公道地懷疑』爲進行社會主義宣傳的人，驅逐出境。柏林自然是立刻被『宣佈』了，成百的（連家屬成千的）人民被驅逐了。因爲普魯士的警察總是驅逐有家室的男子；對未婚的青年男子一般是不干涉的；對於他們，驅逐可以不算大的處罰，但對有家室負累的人，在大多數情形下，即使不是完全毀滅，也是一個長期的悲慘經歷。以後，漢堡選舉了一個工人國會議員，馬上就被『宣佈爲非常狀態』了。從漢堡被驅逐的第一批男子約有一百名，外加他們的家屬三百人以上。工人政黨在兩天內籌妥了他們的旅費和其他急需。萊比錫也被『宣佈』了，除了用『政府沒有其他方法瓦解工人黨的組織』作藉口外，再沒有任何藉口。第一天被驅逐的有三十三人，大部份是有家室的已婚男子。在這個名單前三名是德國國會的議員；或者狄林先生（Mr.Dillon)將寫一封賀信，認為他們還不及他自己那樣激進吧。

然而不僅如此。工人黨一旦正式被查禁，並被褫奪了其他德國人被認為享受着的那一切政治權利，警察對於該黨單個的黨員便可為所欲為了。在搜查違禁出版物的口實下，他們的妻女遭受到最無禮最野蠻的待遇。他們自己呢，有時警察疑意就會加以逮捕，一週一週地被拘押，只有在牢獄裏蟄居數月後才得釋放。警察發明了刑法裏面所沒有的新罪名，刑法擴張到了不能再擴張的程度。警察經常得到腐敗而狂妄的推事和審判官們幫助並教唆他們；擢陞就是這樣得來的！所有這一切的結果如何，下面的驚人數字可以表明：從一八七九年十月到一八八〇年十月的一年中間，單只普魯士便有一、一〇八人因犯叛國罪、軍罪、侮辱皇帝等罪而被監禁；因犯政治誹謗罪、侮辱俾斯麥與反抗政府等罪而被監禁的有一〇、〇九四人。一萬一千一百零二個政治犯被監禁——這甚至勝過了福斯特先生在愛爾蘭的豐功偉績哩！

俾斯麥用他一切的壓制得到了什麼成果呢？正像福斯特先生在愛爾蘭所得到的一樣。社會民主黨在其興盛的情況及保有堅強的組織上，是與愛爾蘭『土地同盟』互相競美的。幾天以前，曼海姆市議會選舉，工人階級的政黨推出了十六個候選人，並以將近三對一的大多數全部當選了。其次，代表德萊斯登的德國國會議員倍倍爾，曾作為在薩克遜議會中代表萊比錫區的議員候選人。倍倍爾自己就是個工人（旋盤

，雖說不是德國唯一的優秀演說家，也是優秀者中間的

一個。為了阻撓他的當選，政府驅逐了他的整個委員會。結果怎樣呢？就在有限制的選舉下，倍倍爾也以絕大多數當選了。所以，俾斯麥的壓制毫無用處；相反的，它激怒人民大衆。那些被奪去一切維護自身存在的合法手段的人們，將有一朝採取非法手段，無人能夠責難他們。格萊斯頓先生和福斯特先生何等經常地宣揚這種主義呀？而他們現在在愛爾蘭起什麼作用呢？

倫敦『工人旗幟』報，一八八一年七月二十三日

棉花和鐵

棉花和鐵是我們這時代兩種最重要的原料。那個國家在棉鐵工業上居第一，那個國家便一般地是佔着工業國家的首位。因爲英國是這樣情形，所以英國是世界第一個工業國，只要有一天她還是這樣，她就有一天還是世界第一工業國。

於是，很可以指望在英國棉業和鐵業中，工人的生活該是特別富裕的；因爲英國統制着市場，在這些物品上的貿易，該總是興旺的；至少在這兩個工業部門中，那自由貿易運動時所預約的千年繁榮，該當實現了。可惜！我們都知道遠非如此。在這裏和在其他行業中一樣，如果工人的境況沒有變壞，有些地方甚至好了些，那完全是由於他們自己的努力——由於堅強的組織和苦鬥的罷工得來的。我們知道在一八七四年左右那短短的幾年繁榮之後，便是棉業和鐵業的全部崩潰：工廠關閉了，熔爐止熄了，繼續生產的地方也照例是短時期的支撑。這種崩潰的時期，早已出現過了；它們平均十年復現一次；它們延持下去，直到一個新的繁榮時期使之復蘇，如此地反着復。

但目前這棉鐵業特別蕭條時期的特點是：現在它已經超過尋常日期好幾年之久了。曾經有過幾次復蘇的企圖，幾次向上的突進，然而都歸無效。卽使實際崩潰的時期已經克服了，貿易却仍然呈呆滯狀態，市場依舊無力吸收全部的生產品。

這裏面的原因，是因爲以目前這樣利用機器的方法（不僅用以製造工業品，而且用以製造機器本身），生產的增加可以達到難於置信的迅速。如果製造家們打算在單獨一個繁榮時期內增加紡、織、漂白和印花的機器設備，以便增加百分之五十的出品，並打算把生鐵與各式各樣鐵製品的全部生產增加一倍，那是沒有困難的。實際的增加還沒有達到那個地步。然而和以前擴張生產的時期已不能相提並論了，結果是——慢性的生產過剩，慢性的商業蕭條。廠主們能夠漠然視之，至少能夠在一個相當長的時間內如此，但是工人則只有感受苦痛，因爲對於他們，那是一種慢性的災害，一種經常可能入貧民院的境況。

這便是無限競爭的光榮制度的結果，這便是考布登們、布萊特們及其伙伴所預言的千年繁榮的實現！這是工人們非推翻不可的，如果他們還像在過去二十五年那樣，把英帝國經濟政策的支配權交給他們的『天然領導者』們，交給那些按照喀萊爾（Thomas Carlyle）所說：是請來指揮本國工業軍隊的『工業隊長們』的話。誠然是工業隊長啊！一八七〇年路易・拿破崙的將軍們和他們比較起來都是天才哩。這些假冒的工業隊長們中間，每人都與任何另一人鬥爭，每人都完全爲自己打算，每人都增加機器裝備而不管鄰人怎樣；終於大家都異常猖獗地發展；結果是積貨過多了。他們不能協合起來節制生產；他們只能爲這一個目的而聯合：減低他們的工人的工資。這樣，由於狂亂地擴張本國的生產力，以致遠超過市場的吸收力，他們便剝奪了他們的工人那比較上的安適生活；這種安適是稍爲繁榮的時期所給予工人的，而且，在長時期的經濟衰落之後，爲了提高他們的收入達到平均的標準，也是工人應該享受的。製造家們整個階級已經無力管理國家的偉大經濟事業，不，連生產本身都無力管理，難道這還不明顯嗎？英國工人階級最大的敵人乃是他們親手造成的那時時增長着的生產力，這雖是事實，但豈不是荒謬的事實嗎？

可是還有一個事實應注意。不僅英國製造家們提高生產力，其他國家也有同樣情形。我們限於統計材料不能分別將各主要國家的棉花和鐵工業作一比較。然而，拿整個織布、採礦、五金等業來說，我們可以依據普魯士統計局長恩格爾博士在他的『蒸汽時代』一書（一八八一年在柏林出版）中供給的材料，作出一個比較表來。按照他的計算，上述諸工業在下列各國所使用的蒸汽機，有以下的總馬力（一個馬力等於一秒鐘提一公斤至一米高所需的力量）：

		織布工業	採礦及五金工業	
英國：	1871	515,800	1,077,000	馬力
德國：	1875	128,125	456,436	馬力
法國：	約	100,000	185,000	馬力

美國：	約	93,000	370,000	馬力

所以我們知道英國的三個主要競爭國所使用的總蒸汽力，在織布工業中等於英國蒸汽力的五分之三，在採礦和五金工業中則幾乎和它相等。既然三國製造業進展的速率遠超過英國，她們共同的出產額不久將凌駕英國之上，那是沒有疑義的。

再看這個表格，它指出在生產中（機關車與輪船的引擎除外）所使用的蒸汽馬力：

英國：	約計	2,000,000	馬力
美國：	約計	1,987,000	馬力
德國：	約計	1,321,000	馬力
法國：	約計	492,000	馬力

這更清楚地表示英國在蒸汽製造業上的壟斷如何地餘存無幾，自由貿易對保持英國工業的優越是怎樣絕少成就。不要說外國工業的這種進展是人工的、是保護稅制的結果吧。德國工業的全部巨量擴張，是在最放任的自由貿易制下完成了的，如果英國主要由於國內消費稅那不合理的制度而被迫依從一種寧可說是表面的保護稅制，那末，取消這些國內『消費稅』的法規，便足以使她在公開的市場上去競爭。

這就是曼徹斯特派學說在二十五年的幾乎絕對的統治中所留給英國的處境。我們以為結局如此嚴重，應請曼徹斯特和白明罕的紳士們迅速辭退，以便使工人階級在下個二十五年中幹一番。他們一定不會管理得更壞的。

倫敦『工人戰旗』報，一八八一年七月三十日

社會上的階級——必需的和多餘的

這個疑問常常發生：社會上不同的階級，在什麼程度內是有用的甚至必需的呢？回答自然是按照各個不同的歷史時代而有分別。無疑的，封建貴族曾有一個時期是社會不可少的與必需的成份；然而那是很久很久以前了。以後有一個時期資本主義中等階級——法文稱作布爾喬亞——同樣應不可少的需要而起與封建貴族作鬥爭，打破它的政權，並接替它成了經濟和政治上的支配者。但自階級產生以來，從沒有一個時期社會上可以不要勞動階級的。那一階級的名稱和社會地位已經改變了；農奴代替了奴隸，自己又被自由工人——沒有奴役的束縛，但除去自己的勞動力外，也沒有任何的財產——所代替。但這是明顯的：無論社會底上層的、不生產的等級發生什麼變更，沒有一個生產者階級，社會就不能生存。所以，這個階級在一切情況下都是必要的——雖然這樣的時候定要到來，屆時它將不再是一個階級，而是包括全社會的。

那末，在現在，這三個階級各個的存在，有什麼必要呢？

地主貴族，至少說在英國經濟上也是無用處的。而在愛爾蘭和蘇格蘭，由於它那滅絕居民的意向，簡直已經成爲禍害了。把人民驅到大西洋的對岸或是置於飢餓之中，而以羊或鹿來代替他們——那就是愛爾蘭和蘇格蘭的地主們所可自居的一切功德。讓美國蔬菜和肉食的競爭更向前發展一些，英國的地主貴族們亦將依樣行事，至少那些在城市中有大產業可以退居的地主貴族將這麼幹。其餘的，美國食品的競爭將很快地爲我們廓清。清除得好——因爲他們的政治作用，不管在上院或下院，都完全是國家的禍害。

但是，資本主義中等階級——那個奠定了不列顛殖民帝國並樹立了英國自由的開明自由階級，那個在一八三一年改革國會、取消穀物法、一種又一種地減低稅捐的階級，那個創造了並且仍在指揮着英國龐大工業、巨大商船隊和日益擴大的鐵路網的階級——那個階級怎樣呢？確實的，那個階級一定至少和它所指揮引導着節節前進的工人階級，有同等的需要吧。

不錯，資本主義中等階級在經濟上的功能，一向在於創立蒸汽工業和蒸汽交通的現代體系，並打破阻滯或妨礙那個體系發展的經濟的和政治的障礙物。無疑的，當資本主義中等階級一天還執行這種功能的時候，在那種情況下它便是個必要的階級。然而現在它是否還是那樣呢？它還繼續盡它作爲社會生產的經營者和擴張者的重要功能，以造福於全社會嗎？我們且想想看。

先從交通工具說起，我們看電報是在政府手裏。鐵路和大部份的航海汽船不是屬於經營自己業務的單個資本家們，而是屬於合股公司，這種公司的業務是由傭工、由那些完全是處於高等的、薪俸較優的工人地位的傭僕們代爲管理。至於董事們和股東們，他們都知道前者（按指董事而言——譯者）對業務經營干涉愈少，後者（按指股東——譯者）的監督愈鬆，則對於公司更屬有益。餘下給公司主人們的唯一工作，實際只有一種鬆懈的、大半是循例行事的監督。所以我們知道這些大企業資本的主人們，實際上沒有其他工作，只有把半年一期的紅利券去兌現罷了。這兒，資本家的社會任務已經轉移給那拿工資的僱員了，但他却依舊把作爲償付那些任務的酬勞——紅利，裝進自己的荷包去，雖然他已經不履行那些任務了。

但是資本家還留有另外一種工作，這種工作的規模之大，迫使他從經營業務中『退休』了。這種工作就是拿股票到證劵交易所去作投機買賣。因爲沒有更好的事情可作，我們那『退休』的、或實際上作廢了的資本家們，便到這個財神廟裏賭個痛快淋漓。他們有意地到那兒去，以囊取他們伴作賺得的錢財爲目的，但他們說：一切財產的來源都是勞動與節約——是來源容或有之，但當然不會是結果。強制地關閉小賭館，而在同時，我們的資本家社會却不能沒有一個拆千百萬輸贏的大賭場作爲它的中心，這是何等的僞善！於此，誠然的，這『退休』的、持股票的資本家的生存，不僅成了多餘，而且是十足的禍害了。

54- 英國工人運動

對於鐵路業和輪船業是眞實的這種情形，對於一切大的工商業組織，也一天天地愈成爲事實了。「創立」（「Floating」）——幾諸大私人企業爲有限公司——是近十餘年來的日常現象。從倫敦商業區大的曼徹斯特堆棧到威爾斯和北部的鐵廠與煤井、以及藍開夏的工廠，一切都已經創立了公司，或正在創立公司中。在奧爾丹郡（Oldkam）全境，沒有一個棉紗廠還留在私人手裏。不僅如此，卽零售商人也愈漸爲「合作商店」所代替，而它的最大多數，只是名義上的合作罷了。關於這點，我們下次再談。所以，我們知道：正由於資本主義生產制度的發展，資本家便很像手搖紡紗工人那樣地被作廢了。但有着這樣的分別：手搖紡紗工人被注定要慢慢餓死，而作廢了的資本家則慢慢由貪食過飽而死。在這一點上他們一般說來是相像的：兩者都不知道怎樣辦才好。

於是，結果就是這樣：我們現實社會的經濟發展，日漸趨於集中，趨於把生產社會化成爲不能再由單個資本家管理的巨大組織。什麼「主人的監督」以及它所能發揮的奇蹟——所有這些廢話。當某種企業一達到一定大的規模時，便成爲純粹的胡說了。試想想倫敦和西北鐵路的那「主人的監督」吧！然而主人所不能作的事情，工人——公司中拿工資的僱員却能夠作，並且作得很成功。

所以資本家再不能要求利潤作爲「監督的工資」了，因他爲什麼都不監督的。當資本的辯護人對我們亂吹這句空話last，我們切要記住這點。

可是，在本報上週的一期中，我們已經試加說明：資本家階級已成爲不能管理本國巨大生產組織了；他們一方面擴張生產以便按期以貨品充溢一切市場，另一方面却日漸不能抵制外國的競爭以維持他們底地位了。所以我們看到：不僅不要資本家階級干與本國大工業，我們還能把它管理得很好，而且他們的干與是愈益成爲禍害了。

我們再一次向他們說：『走開！給工人階級幹一番的機會吧！』

倫敦『工人戰旗』報，一八八一年八月六日

英國工人運動

著者：恩 格 斯
譯者：吳 文 燾
出版：中國工人社
發行：新 華 書 店
定價：報紙本二角五分
通磁紙本 二角

后记

“马克思主义经典文献传播通考”丛书经过三年多的立项、写作、编辑，终于呈现在广大读者面前。

“十月革命一声炮响，给我们送来了马克思列宁主义。”从此，以李大钊为代表的中国先进分子选择了这一思想并积极推动马克思主义政党的建立。中国共产党成立后，坚定地把马克思主义作为指导思想和理论基础，推动着中国革命、建设和改革事业不断胜利，推动着中华民族复兴伟业不断前行。2018年是马克思诞辰200周年，2020年是《共产党宣言》第一个完整中译本出版100周年，2021年是中国共产党成立100周年。在这样的背景下，我们推出了“马克思主义经典文献传播通考”，就是要探寻马克思主义经典文献是如何传入中国的；在传播过程中，无数前辈付出了怎样的努力和牺牲；这些经典思想又怎样与中国实际相结合、与中国文化相融合，从而成为指导中国革命和建设的强大思想力量。

辽宁出版集团和辽宁人民出版社秉承出版理想，担当出版使命，以强烈的主题出版意识，承担了这一重大出版工程的编辑出版工作；积极组建工作团队，配备优秀编辑力量，为此项出版工程的顺利推进提供了多维度保障。

在出版项目实施过程中，杨金海、李惠斌、艾四林三位主编以高度的责任意识、严谨的治学态度、扎实的学术功底和深厚的专业素养，为丛书的研究方向、学术内容、逻辑结构、作者选择、书稿质量把关等贡献了大量的智慧，是这套丛书得以顺利出版的根本保证。王宪明、李成旺、姜海波三位副主编全力配合丛书主编工作，为丛书的编写付出了大量心血。特别是常务副主编姜海波全身心投入丛书的编写工作，从丛书所附影印底本资料的搜集，到书稿编写的整体协调和联络，都精心负责，其认真的工作精神和勤奋的工作态度，令我们感动。原中央编译局的领导和研究人员为本丛书的出版作出了积极贡献。原副局长张卫峰在选题立项、主编人选的推荐和丛书的设计上给予热心指导；中央编译出版社原社长和龑先生和我们一起全力推动丛书的出版，贡献了智慧和力量。清华大学马克思主义学院作为项目的主持方，为项目的平台建设和未来学术发展提供了强有力的支持。每本书的作者都殚精竭虑、勤奋写作，奉献了自己的学术和研究成果，成就了如此大规模丛书的出版。我国理论界和翻译界的著名专家陈先达教授、赵家祥教授、宋书声译审等对丛书的出版给予鼎力支持，为丛书的出版立项积极推荐，给我们以巨大鼓舞。我们出版行业的老领导柳斌杰对丛书的出版给予大力支持，提出许多宝贵建议，提升了其出版价值。辽宁出版集团专家委员会的许多成员对该丛书的出版给予了智力和业务上的支持帮助。作为丛书的出版方，我们向他们表示深深的谢意！

一项浩大出版工程的背后，必定有一批人的智慧付出和竭诚奉献。今天，当出版成果摆在读者面前之时，我们由衷地向每一位对本丛书问世作出贡献的人致以崇高的敬意和诚挚的谢意。由于我们水平有限，在编辑出版过程中难免出现疏漏，还望广大读者批评指正。

编 者

2019年7月